逐梦丹青

林立侠◎著

画家

中国出版集团

现代出版社

图书在版编目（CIP）数据

逐梦丹青 / 林立侠著.——北京：现代出版社，
2013.1　（2024.12重印）
　（我的未来不是梦）
ISBN 978-7-5143-1053-5

Ⅰ.①逐… Ⅱ.①林… Ⅲ.①画家 – 生平事迹 – 中国
– 青年读物②画家 – 生平事迹 – 中国 – 少年读物 Ⅳ.
①K825.72-49

中国版本图书馆 CIP 数据核字(2012)第 292866 号

我的未来不是梦—逐梦丹青（画家）

作　者	林立侠
责任编辑	张　晶
出版发行	现代出版社
地　址	北京市朝阳区安外安华里 504 号
邮政编码	100011
电　话	(010) 64267325
传　真	(010) 64245264
电子邮箱	xiandai@cnpitc.com.cn
网　址	www.modernpress.com.cn
印　刷	唐山富达印务有限公司
开　本	700×1000　1/16
印　张	12
版　次	2013 年 1 月第 1 版第 1 次印刷　2024 年 12 月第 4 次印刷
书　号	ISBN 978-7-5143-1053-5
定　价	47.00 元

序　言

　　这套以"我的未来不是梦"命名的丛书，经过众多编者的数年努力，终于以这样的形式问世了。

　　此时，恰值党的"十八大"刚刚胜利闭幕，选举出了以习近平同志为首的党中央领导集体。"十八大"报告中对教育领域提出："坚持教育为社会主义现代化建设服务、为人民服务，把立德树人作为教育的根本任务，培养德智体美全面发展的社会主义建设者和接班人。"这使我们编者更感此套丛书生即逢时，契合新时期新要求，意义重大。

　　我们编写的这套《我的未来不是梦》系列丛书，精选了古往今来的一些重要职业，尤以当下热点职业为重。而"梦想的实现"则是本套丛书的核心。整套书立意深远，观点新颖，切合实际，着眼实用，是不可多得的青少年优质读物。

　　我们深信，这套丛书必将伴随小读者们的生活与学习，而促进他们德智体美全面健康的成长。更使他们对未来充满信心，驾驭着新知识和新科技，驶入海洋，飞向蓝天，去实现最美好的梦想！

目录 CONTENTS

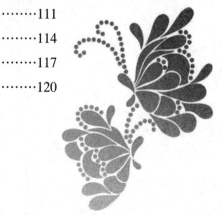

第一章

中国绘画艺术的发展

兰花图

○导读○

　　中国绘画源远流长，其历史可上溯到从新石器时代，距今至少七千余年。还在远古时期，我们聪明的祖先为了记载身边发生的事件及发现的新事物，开始在地面、岩壁及陶器上用象形手法进行描绘，比如打猎、捕鱼、农耕、取火烧烤食物等活动，还有花草鸟兽鱼虫，从而形成绘画的起源。现今很多地区的遗迹和墓壁上还可看到这些画面，充分体现了人类祖先的聪明才智。这种记录的习惯后来渐渐发展到墙壁、绢帛及纸上，而且随着推移和演变，增添了美感及观赏功能，使之成为一种绘画艺术。中国绘画使用的基本工具是毛笔和墨，以及天然矿物质颜料。经过历代画家努力探索和创新，逐渐形成鲜明的民族传统风格和丰富多彩的表现形式。

虾 齐白石

■ 国画历程

中国绘画是随着中国历史一道发展辉煌起来的。它经历了下面几个重要时期：首先是秦汉。这一时期的绘画艺术以宫殿寺观壁画、墓室壁画、帛画为主要表现形式。以其深沉宏大的气魄，表现形式及内容之丰富在中国美术史上放射着夺目光彩。目前，我国已在西北偏僻地区发现了绘制于公元 3 世纪到 4 世纪上叶的墓葬壁画。大量墓葬壁画形象生动地描绘了西北边远地区少数民族的现实生活。在嘉峪关附近发现了大规模建造于3 世纪的砖室墓，装饰风格极为独特。墓砖分别用鲜艳的颜色和流畅的线条描绘壁画，各砖独立，纵观仿佛连环画一样。甘肃酒泉发现的丁家闸五号墓，其两个墓室为连续性的大型壁画所覆盖，后室壁画描绘墓葬中物品摆设，而前室壁画则描绘有神仙和墓主人生前生活以及歌舞伎的表演场面。

魏晋南北朝时期绘画艺术发展比较缓慢，但社会风气、崇佛思想开始融入绘画。以至此后二千余年，佛教与中国绘画相依而生，相携发展。这一时期出现许多对后世影响很大的画家，南方以顾恺之、戴逵、陆探微、张僧繇等为代表，北方则有杨子华、曹仲达、田僧亮诸多大家；画家这一身份也逐渐载入历史书籍。留传下来的东晋顾恺之传世作品《洛神赋图》《女史箴图》已成稀世珍宝。顾恺之在绘画上的造诣极高，画论方面成就精深宏远，成为自晋以来诸多画家尽皆效从的典范。1979 年山西太原娄睿墓的发掘，在中国考古界引起轰动。墓主人是北齐东齐王，墓葬中发现 71 幅、共 200 多平方米壁画，数量惊人，艺术水平超过已发现的早期或同时期墓葬壁画。壁画描绘了北齐王的生活及出行、归来图、门卫仪仗、天象和十二辰图。构图设计、人物形象的刻划直至鞍马、走兽的勾描，显示了北朝末年

壁画艺术的惊人成就。据考古学家猜测,作者可能是当时的画家杨子华。

隋唐是魏晋南北朝之后又一重要时期。隋代的绘画风格,承前启后,继往开来,新风涌现。各科画家先后出现,风格趋向多变。这一时期画家重视山水画比例及空间效果;山水画开始独立。唐代绘画在隋代基础上有了全面发展,人物鞍马画取得非凡成就,青绿山水与水墨山水先后形成,花鸟与走兽也作为独立画科出现。初唐人物画发展最大,山水画则沿袭隋代细密画风,花鸟画已经出现个别名家,宗教绘画的世俗化倾向逐渐明显和增多。这时最著名的画家有阎立德与康萨陀等。盛唐时期是中国绘画发展史上一个空前繁盛时代。宗教绘画更趋世俗化,不同地区画法相互交融,出现的新画样更趋新颖生动。这一时期人物仕女画,从初唐的政治事件描绘转为描写日常生活,造型更加形象鲜明,更加注重心理刻划与细节描画。以吴道子为代表的人物画(包括宗教画)与山水画,展现了盛唐时期绘画的卓越成就。中晚唐绘画继承完善盛唐风格,同时开拓新领域。以周昉为代表的人物仕女画及宗教画更见完备。王维(当时著名诗人)等画家的山水画则发生了变异,盛行树石题材,渐用重墨,泼墨山水也开始出现。边鸾、滕昌祐、刁光胤、李真与孙位也是当时著名画家。这些人的作品现今大多已无从得见,但从日渐发现的出土作品与壁画中,可以让我们想见当时的绘画艺术盛况。

从隋唐五代至宋元,绘画艺术不断发展形成独特的中国艺术。由于各朝各代帝王开始提倡创立画院,促进了绘画艺术的长足发展。这一时期成为中国美术史上的黄金时代。当时的艺术家在将文学与绘画的微妙结合中,感悟到了艺术的最高原理。

宋元绘画不及唐代繁荣,但与唐相比,这一时期的绘画艺术现实感增强,绘画技术更为丰富,开始出现明确分支,其中各派代表人物,山水画派有李成、范宽,青绿山水有王希孟、赵伯驹,人物画有北宋的张择端,其著名的代表作为《清明上河图》,此外还有花鸟派及文人画。尤其文人画此后很长时期内在中国画坛占主导地位,推崇尚意,重在抒发自我情怀,强调笔墨的表现,出现了梅兰竹菊四君子题意图并广泛流行。代表人物有大文豪苏轼及赵孟頫等。

明清以来,绘画艺术发展更迅速,成就更巨大。这一时期的诸多画家

如徐渭、八大山人、石涛、董其昌、郑板桥等,他们的绘画艺术成为近现代许多画家的师从典范。这里有必要介绍一下石涛,因为在这一本书里所罗列的各位画家中有不少师从石涛、推崇石涛,石涛的绘画艺术及理念给了他们深远的影响。石涛,姓朱名若极,小字阿长,明宗室靖江王赞仪之十世孙,广西全州人。生年有明崇祯九年、十四年、十五年诸说,卒年有清康熙四十四年、四十九年、约五十七年诸说。明亡时石涛年幼,由太监带其出家,法名原济,字石涛,别号众多,以"苦瓜和尚"著名。他性喜漫游,曾游南京得长竿一枝,因号枝下叟。晚号瞎尊者、零丁老人等。石涛身处佛门却心向红尘。康熙南巡时曾两次接驾山呼万岁,并主动进京交结达官显贵,但众人却仅视他为一名会作画的和尚,因而他在清高自许与不甘岑寂中度过了一生。他把这种矛盾发泄到画作之中,从而使作品充满无穷动感与无限张力。他擅山水,工兰竹。他打破门派束缚,广泛师法历代画家之长将传统笔墨技法加以演化,又师法自然,广从山川中吸取灵感源泉。他的绘画苍郁恣肆,风格独特,在当时名重于世。有《搜尽奇峰打草稿图》《淮扬洁秋图》《惠泉夜泛图》《山水清音图》《细雨虬松图》《梅竹图》《墨荷图》《竹菊石图》等传世。他著《苦瓜和尚画语录》阐述对山水画的认识,提出一画说,主张"借古以开今","我用我法","搜尽奇峰打草稿"等,对清代及后世中国绘画发展产生极为深远的影响,在中国画史上具有十分重要的意义。

辛亥革命以后,外来绘画艺术不断传入,中国画家相继走出国门追求艺术的发展,从而丰富了中国绘画的体裁。中外艺术交流日益频繁,国画创作发生前所未有的变化,油画、水彩画、漫画、宣传画等相继出现并发展。尤其在新中国成立之后,各画种都展现新面貌,涌现大批优秀画家及艺术大师,绘画艺术空前繁荣与发展,所取得的成就更是骄人,从而使这一时期的绘画艺术进入中国绘画史的鼎盛时期。

在几千年的演变和发展中,中国绘画形成独特的民族传统风格和特点。世界上任何一个国家都将本民族文化看成是莫大的骄傲,以此来证明自己民族的文明程度和聪明才智。中国是世界公认的文明古国,传统遗产之丰富,艺术成就之高深,在世界上是少有的。以莫高窟为代表的敦煌艺术,成为中华民族艺术的瑰宝。中外画家、艺术家相继观摩研习这一艺术圣殿。

■ 丹青技法

中国绘画讲求用墨，用色，讲求技法和以形写神。因工具材料的不同，技法也就不同，从而在画面上呈现不同的形式和面貌。中国绘画工具为毛笔、宣纸及水墨，有别于西方国家。绘画工具及材料的特殊性使中国传统绘画形成博大精深的笔墨技巧。

用墨。西方画界说自然界没有墨色，但中国绘画从古代彩陶、岩画，到壁画、帛画、绢画及宣纸做画，无不用墨色来表现。所谓"墨为五色之主，以白配之，则明。画事以笔取气，以墨取韵，以焦、积、破取厚重。用墨难于枯、焦、润、湿之变，须枯焦而能华滋，润湿而不漫漶，即得用墨之要诀。墨非水不醒，笔非运不透，醒则清而有神，运则化而无滞，二者不能偏废。"

用色。重视色彩，是近现代中国绘画发展历史上的一大特色。"色易艳丽，不易古雅，墨易古雅，不易流俗，以墨配色，足以济用色之难。水墨画，浓淡得体，黑白相用，干湿相成，虽无色，胜于有色也，五色自在其中，胜于青黄朱紫矣。淡色惟求清逸，重彩惟求古厚，知此，即得用色之极境。"

中国绘画结构讲求疏、密、虚、实。"无虚不能显实，无实不能存虚，无疏不能成密，无密不能见疏。是以虚实相生，疏密相用，绘事乃成。"国画中的留白便是如此。

中国绘画还讲求以形写神。齐白石曾说过，绘画"妙在似与不似之间"，以形写神，追求神似是中国传统艺术的特点。艺术的精神不在模仿物象，仅求得一种外在的形似，而是表现物象的精神，从而体现艺术家的气质、情

操与个性。物象不过供给艺术家以素材,要使其融合成新的生命,这便是艺术家高尚的自我创造,做到以形写神。

中国的艺术家是时代的先驱、民族文化运动的骨干!艺术家能引导民众接近固有的民族艺术。时至 20 世纪,更多的艺术家在艺术这块园地里发挥出惊人的创造力。中国近现代绘画史上出现了很多杰出的艺术大家,他们留下不朽的艺术作品,闪耀着璀璨夺目的光芒,照亮一代又一代人寻求美的心灵。他们中有近现代美术史上被公认为四位国画大师的吴昌硕、齐白石、黄宾虹、潘天寿。有被评为中国近代十大画家的张大千、徐悲鸿、李可染、吴冠中、李苦禅、赵无极(华裔法籍)、刘海粟、潘玉良、欧豪年(台湾)、黄永玉。纵观这些优秀大师的成功历程,无不摧人上进,感人振奋!他们的作品,就像他们的人格一样,在艺术的殿堂中魅力永恒。

下面,让我们走近各位艺术大家,探索他们的人生历程,看看他们在艺术世界里是如何努力拼搏走向成功的。

智慧心语

人不可有傲气，但不可无傲骨。

——徐悲鸿

完美不是一个小细节，但注重细节可以成就完美。

——米开朗琪罗

在真正的艺术领域里，没有预备学校，但是有一个最好的预备方法，就是对艺术大家的作品抱一种最虚心的学徒的兴趣。这样碾颜料的人常常会成为优秀的画家。

——歌德

笨拙的艺术家永远戴别人的眼镜。

——罗丹

我欠你的绘画真理，我将在画中告诉你。

——尚塞

第二章

良好机遇　内在天分
是艺术家成功的重要条件

潘玉良

◦导读◦

　　机遇,有时会决定一个人一生的命运。有很多画家,他们小时候并没有立志当画家的理想,也不知道自己具备艺术家的潜质。他们走上艺术道路往往缘于一次偶然的机遇、一件事、一个人、一本书,甚至一句话便改变了他们的命运,点亮他们心中理想的明灯,从而注定一生与艺术结缘。

吴冠中 作

■ 误入丹青

我国当代著名画家吴冠中便是因为一句话而改变一生命运的。

"没有朱德群，就没有画家吴冠中！"这是当代著名画家、美术教育家吴冠中生前常说的一句话，因其艺术生涯的发端皆缘于朱德群的一句话。青年吴冠中从未想过自己会成为画家，那时他就读于浙江省立工业职业学校，本希望以实业成就事业。但为期三个月的新生校际联合军训改变了他的命运。

军训时，吴冠中结识了就读于杭州艺术专科学校的朱德群。朱德群个子大，排在队伍的前头，吴冠中个子矮，总在排后。一次二人在食堂排队打饭，吴冠中见大个子朱德群在自己前边，便与其聊天。听说朱德群学画，吴冠中便很随意地说："我也喜欢画画。"哪知朱德群听了便强烈建议他学画画，后来还热心地带他去杭州艺专参观。就是这次参观给吴冠中带来巨大影响。吴冠中曾在自传《我负丹青》中这样形容此次参观给他带来的强烈感受："我看到了前所未见的图画和雕塑，强烈遭到异样世界的冲击。我开始面对美，美有如此魅力，她轻易就击中了一颗年轻的心，心甘情愿成为她奴役的俘虏。17岁的我拜倒在她的脚下，一头扑向这神异的美之宇宙。"

吴冠中1919年生于江苏宜兴农村，家境清贫。父亲吴爌北是村里少有的知识分子，在村里办学兼务农，学校设在吴家祠堂。吴冠中的童年便就读在父亲承办的吴氏私立小学。吴冠中是家中长子，下面弟妹好几个。父亲考虑到子女长大分家后生活会困难，便竭力让孩子们读书。吴冠中遵

照父亲意愿读书求学。勤奋好学的他以优异成绩一路升入县立鹅山小学、省立无锡师范、国立杭州工业学校。这期间他从未表现出艺术方面的特殊偏爱或天赋。只因为一个偶然的机缘,从此引发对艺术的痴迷。他突然间疯狂地爱上美术,并且不听父亲劝阻,毅然决然地改变了自己的人生轨迹,由工业学校转入艺术专科。在这一转折中,年仅 17 岁的吴冠中似乎显得有些轻率,好像中了魔法,完全不顾及父亲和家人的反对。仿佛在他的天性中有一种东西与艺术息息相通,而构成这一转折的契机,就是结识了朱德群,听了他的一句话。那一句话惊醒了梦中之人,使吴冠中的艺术之梦觉醒! 因此,吴冠中晚年回忆往事,仍不无感慨地说:"没有朱德群,就没有画家吴冠中。"因此他一直视朱德群为终生难得的知音。

后来吴冠中通过考试获得公费到法国巴黎留学的机会。在国外深造学习三年后又回国创作发展,多次在中国美术馆和全国十余个省会城市举办画展,并先后在新加坡国家博物馆、香港艺术中心、美国旧金山、伯明翰、堪萨斯、纽约及底特律等各大博物馆、大英博物馆、巴黎市立塞纽奇博物馆、日本西武画廊等举办画展。他毕生致力于油画民族化和中国画现代化的探索,在美术创作和教育上取得了巨大成就,国内外出版画集 40 余种,文集 10 余种,并曾担任全国文联荣誉委员,在海内外享有很高声誉。其画风独特,成就卓著,成为我国当代中国具有国际声誉的杰出艺术家、教育家。

逐梦箴言

人生有着很多的不确定性。本来你正行进在一条自以为是理想的道路上,但是,突然有一天,遇到一个人,他的行为或语言点亮了你的心灯,你才会发现,你真正想要的是什么! 你真正想走的道路是什么!

知识链接

油画

是用快干性植物油比如亚麻仁油、罂粟油、核桃油等为调和颜料,在亚麻布、纸板或木板上进行制作的画种。作画时使用的稀释剂为挥发性的松节油和干性的亚麻仁油等。绘画颜料有较强的硬度,干燥后能长期保持光泽。凭借颜料的遮盖力和透明性能较充分地表现描绘对象,且色彩丰富,立体感强,是西洋画的主要画种之一。

西画

区别于中国传统绘画体系的西方绘画,简称西画。包括油画、水彩画、水粉画、版画、铅笔画等许多画种。传统西洋画注重写实,以透视和明暗方法表现物象的体积、质感和空间感,并要求表现物体在一定光源照射下所呈现的色彩效果。

我的未来不是梦

■ 傅抱石："我用我法"

伟大的国画家傅抱石的成才缘于少年时期的一次偶遇,让他产生好奇心,并从此让他与绘画艺术结下不解之缘。比吴冠中更为幸运的是,他的一生都机遇不断。

傅抱石原名长生,瑞麟,号抱石斋主人。1904 年 10 月 5 日生于江西南昌一个修伞匠人家庭。7 岁入私塾,少年时代曾在瓷器店里打工当学徒贴补家用,最终因体弱多病被辞退。闲在家中无事,他便整天四处闲逛。一天,他偶然看见一家裱画店里有位师傅在小桌上画大画,手法很奇特,把一大张纸卷起来,画一点放一点,虽是局部接局部地画,但画完后整体效果依然流畅,美感十足。这让少年傅抱石深感惊奇!这位师傅姓左,傅抱石惊奇之下决定拜其为师,学习绘画。左师傅专门复制明末清初大画家石涛的作品。傅抱石拜师学艺后,不但从左师傅那里学到了绘画技能,而且认知了古代大师石涛。在左师傅那里有一本记述石涛的《瞎尊者传》,傅抱石看到后爱不释手,石涛"我用我法"的精妙言论,令他顿开茅塞,他很欣赏石涛"搜尽奇峰打草稿"的思想,从此对石涛情有独钟,自诩与石涛"前世有缘"。既与石涛神交,又与刻石朝夕相处,于是他取石头坚硬之个性,自署别号"抱石斋主人"。刻制了"我用我法"的印章,后来他干脆改名叫傅抱石。

又一次偶然的机会,傅抱石有幸结识了中央大学艺术系教授徐悲鸿。交往中,徐悲鸿对他的绘画才华及人格极为欣赏。于是在徐悲鸿的鼎力推荐下,傅抱石获得了由江西省政府资助,以考察和改良景德镇瓷器名义公

派日本留学的机会。并于 1933 年 3 月，登上了赴日本的轮船。

在日本，傅抱石入读东京帝国美术学院，拜于史学泰斗金原省吾门下攻读东方美术史，兼习工艺、雕刻。由于他天资极高，所以经过几年的勤奋努力，取得了巨大成就。

留学期间，傅抱石听说郭沫若因"四·一二"政变正流亡日本，便携自己作品前去拜访。相见之下，郭沫若对傅抱石的艺术天分和才华非常赏识，二人开始密切交往。郭沫若当时每见傅抱石的得意之作都为之题咏，给予鼓励。可以说郭沫若广博的学识和在日本的影响，为傅抱石在日本的发展提供了很大的帮助。

1934 年 5 月，在导师金原省吾支持下，《傅抱石中国画展览》在东京银座松板屋举行，郭沫若为画展题写展名。这次展出《渊明沽酒图》《瞿塘图》《笼鸡图》及书法篆刻等作品一百七十余件。日本著名画家横山大观、篆刻家河井仙郎、书法家中村不折以及日本文部省大臣、帝国美术院院长正木直彦等前来参观并给予高度评价。这次展览的成功对傅抱石的艺术生涯有着至关重要的影响。有"印痴"之称的傅抱石于画展现场即兴刻印表演，引起极大轰动。之后不久，他参加日本举办的全国篆刻大赛，在 4 厘米见方的鸡血石上，镌刻《离骚》全文达 2765 个字，赢来满堂喝彩，夺得全日本篆刻大赛冠军，被日本印界誉为"篆刻神手"，从而使他的艺术道路锦上添花。

傅抱石成名于 20 世纪 40 年代，但认知面并未覆盖到社会各阶层。给傅抱石带来更大名气并让全社会都认同的，则是 1959 年秋与关山月合作的巨幅山水画《江山如此多娇》。

1959 年 7 月，正在韶山写生的傅抱石突然接到江苏省国画院的电报，大意是：抱石同志，中央来电，请你火速进京。于是他结束韶山写生创作，急忙赶回江苏，才知道是周恩来总理和陈毅副总理联名点将，要他到京作画。

1959 年新中国成立十周年，首都落成十大宏伟建筑。中央邀请全国各地著名画家到京作画。当时新建的人民大会堂从北门拾级而上步入宴会

厅必经之地的迎面开阔大墙上,让傅抱石和关山月二人以毛泽东诗词《沁园春·雪》为内容,合作巨幅大画《江山如此多娇》。

　　这件政治任务,无疑是时代赋予傅抱石一次特别的机遇。这次作画,从探索主题,构思构图,直到挥毫落墨,几乎无时无刻不受到周恩来、陈毅、郭沫若、吴晗等中央领导同志的关怀和鼓励。画名由周恩来总理亲自确定。几位中央领导共同研究对画面进行构图。画幅要求高 5.5 米,宽 9 米,计有 50 平方米,傅抱石作画所用的大笔和排笔的竿子,就有 1 米多长,像扫帚一样,调色皆用大号搪瓷面盆。关山月画几株大松树,傅抱石画山岩瀑布、远景雪山和长城等,二人分工合作,经过两个月努力,终于在国庆节前完成。傅抱石后来对画作进行描述:"近景是高山苍松,采用青绿山水重彩画法,长城大河和平原则用淡绿,然后慢慢虚过去。远处则云海茫茫,雪山蜿蜒。右上角的太阳,红霞耀目,光辉一片,冲破了灰暗的天空,使人感到'红装素裹,分外妖娆'。"这幅辉煌巨画庄重典雅,笔墨淋漓,气势磅礴,尺幅之大创下了历史记录,画面右上角的一轮红太阳直径就将近一米。9月 27 日,毛泽东为此画亲笔题写"江山如此多娇"六个字。这是毛泽东一生惟一为绘画作题字。题字放大后,仅一个"娇"字就将近一米。更为这幅画奠定了在现代美术史上的历史地位。

　　这幅作品尺幅之大、气势之磅礴,是史上所有画作无与伦比的,在中国历史上更是史无前例! 更因为是表现毛泽东诗意作品,所以它产生的广泛社会影响是其他画家和作品无法企及的。由此傅抱石参加了中华人民共和国成立十周年庆祝大会,出席了国庆招待会,并登上天安门观礼台,参加了国庆观礼。全国各大报纸杂志都相继发表了《江山如此多娇》彩色画页。

　　1969 年 8 月,傅抱石当选为全国文联委员和中国美术家协会副主席。9 月,美协江苏分会成立,他又当选为主席,同时还当选为江苏省书法印章研究会副会长。此时,傅抱石在中国现代绘画史上的地位已经完全确立。

　　纵观傅抱石的传奇一生,无不充满了机遇和奇迹。一个偶然的机遇让一个穷人家的孩子对艺术充满了好奇,并结缘古代大画家石涛,从此思接千载,心灵相通,影响他的一生! 又因为偶然,让他结识了一生中至关重要

的朋友徐悲鸿和郭沫若。二位大师级人物对他的艺术人生起着推波助澜的巨大作用。而《江山如此多娇》让他的事业走向辉煌。当然，一切偶然都缘于必然，如果不是傅抱石在艺术上确有才华和天赋，如果不是他的优秀品格让二位大师认可，如果不是他的勤奋，这些偶然也不会发生。

逐梦箴言

有的人总认为自己怀才不遇，郁郁不得志，徒然埋怨命运的不公，造化弄人，却从未正确审视自己，是否主动努力过，是否营造一种氛围，搭建一个平台。机遇不是老天的眷顾，也不是上级的偏爱，更不是别人的恩赐，机遇是自己争取的。机会总是垂青那些做好准备的人！是金子总要发光的。是种子给他一片土壤就会生根、发芽、开花、结果！

知识链接

国画在古代一般称之为丹青，主要指画在绢、宣纸、帛上并加以装裱的卷轴画。传统绘画形式是用毛笔蘸水、墨、彩作画于绢或纸上，被称为"中国画"，简称"国画"。工具和材料有毛笔、墨、颜料、宣纸、绢等，题材可分人物、山水、花鸟等，技法可分工笔和写意。国画在内容和艺术创作上体现了古人对自然、社会及与之相关联的政治、哲学、宗教、道德、文艺等方面的认识。

我的未来不是梦

■ 前缘不误，山花满头

　　美术界并非男子的天下,中国著名女画家、雕塑家潘玉良,便是一巾帼。1921 年考得官费赴法留学,1923 年进入巴黎国立美术学院。其作品陈列于罗马美术展览会,曾获意大利政府美术奖金。1929 年,任上海美专及上海艺大西洋画系主任,后任中央大学艺术系教授。1937 年旅居巴黎,任巴黎中国艺术会会长,多次参加法、英、德、日及瑞士等国画展。为东方考入意大利罗马皇家画院之第一人。

　　潘玉良原姓张,后随夫姓,安徽桐城人,1895 年出生于江苏扬州。1 岁时丧父,2 岁时死了姐姐。8 岁时母亲因不堪打击,郁郁地离开人世。孤苦伶仃的张玉良被舅舅收养。14 岁时,张玉良出落得明眸皓齿清纯可人。穷困的舅舅于是起歹心,将她卖到怡春院当了雏妓。就在怡春院,张玉良遇到了改变她一生命运的男人——潘赞化。

　　经过怡春院三年的技艺调养, 17 岁妙龄的张玉良已成为响当当的头牌。时值海关监督潘赞化来芜湖上任,当地政府及工商界为减免赋税举行盛宴,给新任监督接风洗尘,商会会长特意让玉良献上弦歌助兴。但见玉良纤手轻拨琵琶,朱唇慢启,双眉远山含黛间,一曲曼妙的《卜算子》就在怡春院大厅内婉转回荡:“不是爱风尘,似被前缘误。花落花开自有时,总赖东君主。去也终须去,住也如何住? 若得山花插满头,莫问奴归去。”这曲悲切悠远,凄怨动人。弦歌落定,潘赞化引动恻隐之心,问张玉良:“这是谁的词? ”张玉良轻声道:“一个和我同样命运的女人。”潘赞化又问:“她是谁? ”张玉良回道:“南宋天台营妓严蕊! ”潘赞化凝神瞅着她,道:“你倒

是懂点学问。"张玉良听了腼腆地答:"大人,我没念过书。"潘赞化闻言顿生惋惜怜爱之情,连连叹道:"可惜呀,可惜!"商会会长见状却心中暗喜。

当晚,潘赞化刚睡下,仆人报:"大人,商会会长送来位漂亮姑娘求见。"潘赞化意识到会长送来的是白天唱曲的姑娘,有心见上一面,但转念一想回绝到:"我睡了,叫她回去罢!"说完又觉不妥,补充道:"告诉她,明天上午请她陪我看芜湖风景。"玉良碰壁回到怡春院,劈头盖脸挨了顿骂,她委屈了一晚。第二天,玉良梳洗打扮,强作笑颜奉命陪潘赞化出游。可一路游来,她只知跟在潘赞化身后,亦步亦趋如木人一样。潘赞化却未把她当作烟花女子轻看。因为对芜湖并不陌生,所以他反倒耐心地给她讲述风景名胜的历史和典故。潘赞化讲故事时很认真投入,玉良听得真切,几乎忘了自己卑微的身份,她感到潘赞化有学识,平易近人,爱慕之情由然而生。

夜幕降临,潘赞化吩咐家人把玉良送回去。玉良闻听突然双膝跪地,流泪恳求着:"大人,求求您,留下我吧!"潘赞化犹豫一下,还是牵起玉良的双手,问她为什么? 玉良鼓足勇气道:"会长和干妈他们把我当鱼食,想钓大人上钩,一旦您喜欢我,就找您给他们货物过关行方便,否则就以狎妓不务关务,败坏您的清名! 可是若我回去,他们便会找流氓来糟蹋我,我知道大人品格正派,留下我对您不利,但我无奈啊!"潘赞化闻言,既对那帮人的可恶行为感到愤怒,又对玉良心疼。于是,他将玉良留了下来,并把卧室让给她,自己睡到书房。夜晚,张玉良辗转反侧,潘赞化不顾清誉收留她,重情重义到不看低她这样一个青楼女子,使她很受感动,她在心里认定了这个男人,发誓今生哪怕做牛做马也要跟着他。这晚,她坐在案前,捻亮灯,在一张纸上画了幅莲图。第二天傍晚,她正在房中抚琴浅吟低唱之际,潘赞化走进来,点亮灯,夸奖道:"听你弹曲子,好半天了,弹得不错! 看,给你带回了了什么?"他扬起手中一套新编高级小学课本。"我看你没念过书,一开始就学古文有困难,还是先易后难吧,现在给你上课。"玉良听言,温顺地坐到潘赞化对面。上完课潘赞化准备离去,无意中看到玉良画的那幅莲图,赞叹道:"过人的天资,天生的艺术才华!"玉良怯怯地说:"画着玩,大人见笑!"

两个月后,张玉良如饥似渴地学完了那套高小课本。一天,潘赞化对

我的未来不是梦

她说："我想把你赎出来，送你回老家吧。"玉良一听哭出来："回扬州，我一个孤苦女子，无依无靠，还不是从火坑跳到水坑吗？大人将我留下作个佣人吧，我愿终生侍奉大人。"潘赞化听了说道："玉良，你是个好姑娘，又聪明又漂亮，可在我眼里，你还是个孩子，我长你12岁，家中又早有妻室儿女，我真不忍委屈你，但现在他们给我造了不少谣言，想要我在关税上向他们让步……事情即到如此地步，你要是愿意，我就娶你，明天便在报上登结婚启事。"

就这样张玉良欣然嫁给潘赞化，二人随后到上海过起相知相爱相惜的幸福生活。恩爱的日子里，一副《莲》图都能让二人兴致勃勃欣赏半天，总有说不完的话。一天，潘玉良在画作"荷花"具名处工整地写下"潘玉良"三个字，潘赞化见了说："你怎么把姓改了？我是尊重女权和民主的，还是姓张吧。"玉良嫣然一笑："我就姓潘，我是属于你的，没有你就没有我！"

潘赞化为玉良请了教师，每天上午教玉良三小时课，下午作练习。玉良开始如饥似渴地学习，进步让老师感到惊奇。一天，她经过邻居洪野先生窗口，发现洪先生在作画，便驻足观看，从此她常常停在人家窗前，观看学习。后来洪先生为她的执着感动收她做了学生。洪先生给潘赞化写信道："高兴地向您宣布，我已正式收阁下的夫人作我的学生，免费教授美术。她在美术上的感觉已显示出惊人的敏锐和少有的接受能力。"

人的机遇真是难以预料，有时偶然性也表现为一种奇特的命运，会把做梦也想不到的幸运赐给人。遇到潘赞化，是潘玉良人生道路的幸运转折点。

但是，幸福很快被潘赞化大夫人的到来打破。大夫人是一个裹着小脚的旧式女人，极为陈腐，大主小卑是她的原则。对于闯入她的生活、与她争夺丈夫的玉良，她睚眦必报，稍有不从，她就会给潘玉良难堪，弄得潘玉良又心疼又无助。左右为难，很是矛盾痛苦。为让玉良开心，潘赞化便鼓励她学习艺术，报考上海美专。于是，1918年玉良以素描第一名考进上海图画美术院。毕业后又在校长刘海粟建议下、潘赞化的支持下，于1921年考取安徽省公费津贴留法资格，成为里昂大学第一批中国留学生；凭藉天分和努力，两年后她又成为巴黎国立美术专门学校油画班的插班生，与大名

鼎鼎的徐悲鸿成为同学。1930年,在异国他乡飘泊9年后,潘玉良历尽艰辛,带着学成的喜悦和对潘赞化的刻骨思念回国。和爱人久别重逢,当潘赞化把她紧紧拥到怀中时,她感到自己好幸福,发誓永远不会离开他。

可大夫人还是与潘玉良势不两立,让潘玉良的精神压力很大。潘玉良回国后先后举办五次个人美展取得很大成功。在举办第五次画展时,虽然非常轰动,可在收展时,却见一幅画上贴了张恶毒的纸条,上面写着:妓女对嫖客的颂歌。这纸条像当头棒喝,把她所有的爱和梦击碎。就这样,在家庭和事业的双重伤害下,潘玉良无奈地再次于1937年孤身前往巴黎旋居。此时她已感到爱的软弱无力,只是她依然固执地相信真爱不怕距离的遥远,所以她一直把嵌有同潘赞化合影的项链戴在脖子上。

潘玉良刚到法国不久,抗战爆发南京陷落,她与潘赞化失去联系,让她痛苦万分。化痛苦为力量,潘玉良将身心全部投入艺术创作并取得巨大成就。"潘玉良美术作品展"在巴黎多尔赛画廊开幕。展览未闭幕,其多年珍藏作品除自藏未标价外,均被订购一空。1950年,她在瑞士、意大利、希腊、比利时4国巡回画展,历时9个多月,获得比利时皇家艺术学院艺术圣诞奖章。她把成功的喜悦写信给亲人潘赞化分享,再次表达思念之情和想回国的愿望。但潘赞化考虑到时局等诸多因素回绝了她。

1960年,潘赞化病逝。惊闻恶耗,潘玉良悲痛欲绝,巨大的打击让她一病不起,从此再未提起画笔。潘赞化是她一生至爱,对她有再造之恩,而她却没能陪伴他,照顾他,哪怕是在他弥留之际也未能看上一眼。潘玉良的心为此苍老了。

1977年,一代画魂潘玉良在巴黎逝世。从孤儿——雏妓——小妾到著名画家,她的一生充满传奇。在巴黎一座安眠许多杰出艺术家的墓地,一块黑色大理石墓碑上,镶嵌着一幅白色大理石浮雕像。雕像下方,悬挂着几十枚造型各异而又美观的奖章:右边是一行用中文镌刻的碑文:世界艺术家潘玉良之墓(1895—1977)。

知识链接

雕塑

是造型艺术的一种。又称雕刻,是雕、刻、塑三种创制方法的总称。指用各种可塑材料(如石膏、树脂、黏土等)或可雕、可刻的硬质材料(如木材、石头、金属、玉块、玛瑙、铝、玻璃钢、砂岩、铜等),创造出具有一定空间的可视、可触的艺术形象,借以反映社会生活、表达艺术家审美感受及理想的艺术。

欧洲雕塑

◎ 智慧心语 ◎

君子藏器于身,待时而动。

——《周易》

来而不可失者,时也;蹈而不可失者,机也。

——苏轼

机遇是造就一个人成功的首要因素。

——朱清时

好花盛开,就该尽先摘,慎莫待美景难再,否则一瞬间,它就要凋
零萎谢,落在尘埃。

——莎士比亚

谁若是有一刹那的胆怯,也许就放走了幸运在这一刹那间对他伸
出来的香饵。

——大仲马

我的未来不是梦

逐梦丹青

掷铁饼者

第三章

发奋图强　志向高远
是艺术通向成功的不二法门

张大千

○导读○

　　成功的大门永远为那些勤奋、志向高远的人敞开着。有道是"不经一番寒彻骨，哪得梅花扑鼻香"。古往今来，有多少励精图治获得成功的典范！在艺术领域里也比比皆是。没有哪一个人的成功会不劳而获，天上掉馅饼的事情不是做梦就是陷阱。现实需要我们去努力，去拼搏，去争取。用汗水和智慧，经过辛勤的劳动，才会收获果实。大凡一个人走向成功，都必得经历重重磨难和考验。通往成功的道路从来没有坦途可寻，一定会有数不清的荆棘丛生，崎岖不平，泥泞乃至陷阱。只有胸怀大志，勇敢的人才会冲破重重阻碍，最终达到胜利的彼岸。

徐悲鸿 作

用画证明中国人，行！

画家徐悲鸿是中国现代美术事业的奠基者，是 20 世纪中国最有影响力的杰出画家和美术教育家。1895 年出生在江苏宜兴，自幼随父徐达章学习诗文书画。17 岁在宜兴女子初级师范学校任图画教员。

1916 年，年方 20 岁的徐悲鸿来到上海。在友人扶助下，考入法国天主教会主办的复旦大学法文系半工半读，并自修素描。其间结识著名油画家周湘、岭南画派代表人物高奇峰、高剑父。在这几位画家的指点下，徐悲鸿画艺得到很大提高。他还结识了维新派领袖康有为，并在其影响下观摩各种名碑古拓，潜心临摹，从而深得北碑真髓，书法得以长进。后来他获得赴日本东京研究美术的资助。并在日本饱览大量珍品佳作，对日本画家能够会心于造物、写实求真的创作风格很有感触，同时经过对比深深感受到中国绘画的魅力巨大。

徐悲鸿从日本学成归国后，深得康有为赏识并在北京大学"画法研究会"任导师。后在北洋政府资助下赴法国学习绘画。在欧洲，他参观了英国的大英博物馆、国家画廊、皇家学院展览会以及法国罗浮宫美术馆。在目睹大量文艺复兴时期以来的优秀作品后，徐悲鸿深深感到自己过去的创作是"体物不精而手放佚，动不中绳，如无缰之马难以控制。"从此，他刻苦钻研画学，并考入巴黎美术学校，受教于弗拉芒格先生，开始接受正规的西方绘画教育。弗拉芒格擅长于历史题材的人物画，其画作不尚细节刻画而注重色彩的和谐搭配与互衬，对徐悲鸿的油画风格有着巨大影响。就这样，徐悲鸿每日勤奋刻苦地进行西洋画的基本功训练，上午在巴黎美术学校学习，下午去叙里昂研究所画模特儿，还常抽时间去观摩各种展览会。

我的未来不是梦

后来,因北洋政府一度中断学费,徐悲鸿被迫转至德国柏林。在那里,徐悲鸿抓住一切学习机会,向画家康普求教,到博物馆临摹著名画家伦勃朗画作,还常去动物园画狮子、老虎、马等各种动物,以提高写生能力。当北洋政府重新拨给留学经费后,他便立即从德国返回法国继续学业。他勤奋好学,在孜孜不倦的努力钻研下,绘画水平迅速提高,创作出一系列以肖像、人体、风景为主题的优秀素描、油画作品,如《抚猫人像》《持棍老人》《自画像》等。

徐悲鸿在欧洲留学期间,中国正值军阀混战,国道中落,国弱则民弱,所以中国留学生在外常常受到歧视。这期间发生的一件事情让徐悲鸿一生记忆犹新。

一次留学生聚会。一个满身酒气的外国学生站在人群中恶毒地说:"中国人又蠢又笨,只配当亡国奴,就是把他们送到天堂去深造,也成不了大器!"听到有人这样侮辱自己的民族,徐悲鸿被激怒了,他走上前,义正严辞:"先生,你不是说中国人不行吗?那好,我代表我的祖国,你代表你的祖国,我们比一比看到底谁是人才谁是蠢才!"

从此,徐悲鸿在绘画学习上更加勤奋。星期天到巴黎各大博物馆去临摹世界名画,经常是带上一块面包一壶水,一呆就是一整天,直到闭馆才离开。一次,法国名画家达仰到博物馆,看到这个中国小伙子如此勤奋好学,便非常喜欢。他从这个中国青年身上看到了一种锲而不舍的坚强毅力和民族精神。于是,他主动邀请徐悲鸿到家中做客,到他的画室里作画,还亲自给徐悲鸿讲解指导。有幸认识达仰后,每到星期日徐悲鸿便携画作到达仰处学习求教。达仰"勿慕时尚,毋甘小就"及注重默画的艺术思想对他影响很大,使他未盲目追随法国流行的现代派画风,而是踏踏实实地钻研欧洲文艺复兴以来的学院派艺术;他继承古典艺术严谨完美的造型特点,掌握娴熟的绘画技巧,最终在巴黎高等美术学校的几次竞赛中,以优异成绩获得第一名。

经过四年勤奋努力钻研,徐悲鸿的绘画水平已可与欧洲同时期艺术家相媲美。其油画作品《老妇》入选法国国家美术展览会,并在巴黎展出轰动了美术界。这时,那个曾骂中国人无能的洋学生,不得不在徐悲鸿面前承认自己不是中国人的对手。

还有一次,一个外国学生很不礼貌地冲徐悲鸿说:"徐先生,我知道达

仰很看重你,但你别以为进了达仰的门就能当画家。你们中国人就是到天堂去深造,也成不了才!"徐悲鸿很气愤,但他知道,靠争论永远改变不了别人的无知和偏见,只有用事实说话,拥有成就才能让他们重新认识真正的中国人。从此,徐悲鸿更加发奋努力,像一匹不知疲倦的骏马,奋力奔驰,勇往直前,画艺也突飞猛进。后来那个外国学生看到了徐悲鸿的作品,非常震惊。他找到徐悲鸿深深鞠了一躬:"我承认中国人是很有才能的。看来我犯了一个错误,用中国话来说,那就是有眼不识泰山!"就这样,徐悲鸿经过勤奋努力,凭借自己的才华,为中国尤其是祖国的留学生们争了一口气!

徐悲鸿后来还走访了比利时首都布鲁塞尔、意大利的米兰、佛罗伦萨、罗马及瑞士等地。异国的美丽风光令他陶醉,欧洲绘画大师们的艺术成就使他受益匪浅。他曾在法国、比利时、意大利、英国、德国、苏联举办中国美术展和个人画展。自1933年起,8年的旅欧生涯塑造了他一生的审美意趣、创作理念和艺术风格。如今,他的画作被无数人疯狂藏购,价值千万,甚至过亿;他出身于贫寒之家,却能以非凡的才华,凭借勤奋努力而一鸣惊人,他所取得的伟大艺术成就令后世的画家们叹为观止。

逐梦箴言

有志者,事竟成。志气给人无穷的能量,化作前进的动力。只要肯努力,肯付出,成功就会到来。想证明自己不比别人差,想让别人认为你优秀,就需付出比别人多一倍甚或几倍的努力。

知识链接

临摹

按照原作仿制书法和绘画作品的过程叫做临摹。临,是照着原作写或画;摹,是用薄纸(绢)蒙在原作上面写或画。广义的临摹仿制的不一定是原作,也可能是碑、帖等。

我 的 未 来 不 是 梦

逐梦丹青

■ 从小木匠到大师

　　小木匠也能成为艺术大师。这是怎样的历程呢？且看齐白石的经历。

　　1864年1月1日，艺术大师齐白石出生在湖南湘潭杏子坞，小名阿芝，8岁时入私塾，由于家贫读了一年便辍学。因身体弱，干不了田里重活，便在家帮忙砍柴放牛。家人很想让他学一门手艺，觉得那样才有希望。阿芝有一位本家叔祖是木匠，父亲就提出来让他跟叔祖学木匠手艺。可是木匠活很苦，瘦弱的阿芝根本扛不动大檩条，也干不动重活。时间不长，叔祖就把他打发走了。于是村里便有闲话："阿芝哪能学得成手艺？"这话被自尊心很强的阿芝听到，他暗下决心，一定要学门手艺干出个样儿来。

　　16岁时，齐白石拜周之美学习雕花木艺。雕花木艺活求精细，生动漂亮的花样让他打心眼里喜欢，所以学得很起劲。师傅见他聪明好学又努力，也教得格外认真。转眼三年过去，齐白石刀法已运用自如，从他手里出来的花样也越发生动精致。他还爱出新，常将平日所见的花卉果实加入到传统图案中，并根据乡间喜闻乐见的事儿勾摹出许多人物故事，这些有意思的新花样很受人们喜欢。渐渐地，他成了方圆百里小有名气的"芝木匠"。

　　20岁那年，齐白石随师傅外出做活，在一主顾家里无意间见到一部乾隆年间翻刻的《芥子园画谱》。翻看之后，发现里面图画自己也能画，便觉如获至宝，于是把书借来。从此，每个夜晚他都伴着油灯，如痴如醉地用薄竹纸一幅幅对画谱进行勾描。他将勾描过的薄竹纸钉在一起，半年过去，竟攒了16大本。这16本勾描之作他经常一页页翻看。随着不断翻看那

纸上的花样,那些样子生动起来,渐渐熟记于心;齐白石做雕花木活,就用画谱作依据,既能花样出新,画法又合规则。这竟为他后来绘画打下了良好基础。

齐白石正式学画时已是27岁,可谓半路出家。当时,他家里很穷,人口又多,田里庄稼收不了多少,赋税又重,全家人常常是吃上顿没下顿的,生活很是凄苦。齐白石心灵手巧,为挣钱养家,别人搞不掂的活计他也接。那年月,乡间死了人,得请行家里手来个"急就章",就是给死人画像。齐白石也不嫌这活儿晦气全接下来,而且他给死人画像,居然不止于形似,还能神似。这位多才多艺的小伙子,早就引起一个人的注意,这个人就是鼎鼎大名的本乡绅士、人称"寿三爷"的胡沁园!胡沁园精通绘画,而且学识渊博。他对齐白石大好的天赋非常珍惜,于是主动找到齐白石问他愿不愿意学习正宗的绘画;齐白石回答:"读书学画,我是很愿意的,只是家里穷,书也读不起,画也学不起。"胡沁园说:"那怕什么?你要有志气,可以一面读书学画,一面靠卖画养家,也对付得过去。你如愿意的话,等这里的活做完了,就到我家来谈!"齐白石认得胡沁园,当即便磕头拜下了这位启蒙师傅。

胡沁园收齐白石做弟子后,为他取名"璜",字"濒生"。向他传授绘画、书法、金石、诗词。他还把齐白石引荐给湘潭县城的大儒王闿运。王是教育家,有教无类,不拘一格,门下已收了铁匠张正阳和铜匠曾绍吉,再收一位木匠,正好凑齐"王门三匠"。名师出高徒,这三人后来都大有造化。

齐白石初学画,曾担心自己年龄太大学不好,胡沁园说:"苏轼的老爸苏洵在你这个年纪始知发愤读书,照样名满天下,成为唐宋八大家之一。"齐白石听了很受鼓舞,从此发奋学习。学篆刻时他曾向一同学艺的师兄弟讨教,那人知他实诚跟他开玩笑:"南泉冲的础石,挑一担归,随刻随磨去,尽三四点心盒,都成石浆,就刻好了。"没想到齐白石真就这么做了!直弄得满屋子水,满屋子泥。而且在下了这番又苦又笨的功夫后,他的印还真的学到了家!后来,同期学印的黎松庵对他说:"濒生,我不学印了。"齐白石问为什么?黎松庵回答怕弄坏眼睛。后来齐白石曾慨叹:"我当时的家境要是跟松庵一样,也就没有今日了。"穷当志益坚!在艺术创造的起始阶

我的未来不是梦

段，真的有"饱者死，饿者活"的规律。毕加索年轻时学画于巴黎，只有面包加清水，更别说那位一辈子受憋，总共没吃过几顿饱饭，任何一种颜色都燃烧着饥饿感的荷兰大画家凡·高了。

齐白石拜胡沁园为师后就吃住在胡家。生活安适优越，反而加深了他对家人的关切和思念。每当夜深人静，妻子愁苦的面容，父亲弯腰驼背扶犁耕作的情景，母亲骨瘦如柴风吹欲倒的身影，常常浮现在他眼前。齐白石明白自己不能像别人那样学画，他必须快马加鞭，抓紧时间一天当两天，甚至更多天拼命学才行。为此，齐白石仅用两个月就把《唐诗三百首》一字不差地背下来。然后又读《孟子》、唐宋八家古文、《聊斋志异》等。他边读书边跟胡沁园学画。胡沁园向他传授了许多绘画理论，还把自己收藏的古名人字画拿出来让他临摹，介绍他向别的名画家学习画山水。在老师的悉心教导下，齐白石眼界渐宽、画艺渐长。

从小到大，齐白石没离开过家乡。因而乡间事物诸如锄头、铲子、小虫、青蛙甚至老鼠常跃然于他的画中。他的画朴素自然，观之仿佛闻到来自乡村的气息，听到孩童们稚嫩清脆的歌谣。

为追求艺术的精进，齐白石40岁后别家辞乡，到处寻师会友。在他57岁那年春夏间，家乡发生兵事。齐白石于是辞别父母妻子，携着行囊北上，成为一名"北漂"老人，开始了他艺术人生的重要转折。

齐白石刚到北京时住在法源寺庙内，因没有名气不被社会接受。只好靠平日里卖画刻印维持生计，很是穷苦。

就在此时，齐白石遇到了平生知己陈师曾。陈师曾是当时名冠京华的画家、陈寅恪之兄、鲁迅之同窗好友，时任北京高等师范学校国画教师。陈师曾对齐白石的才华尤为欣赏。二人会晤之下，即成知己。1922年春天，陈师曾受邀参加在东京举办的中日联合绘画展览会，带去了齐白石的几幅花卉山水，展出时销售一空，而且卖价颇高，在日本引起轰动。更有法国人拿走齐白石和陈师曾的画，准备参加巴黎展览会。消息传来时，齐白石大喜过望，即兴赋诗："曾点胭脂作杏花，百金尺纸众争夸。平生羞杀传名姓，海国都知老画家。"

从此，齐白石的名声大噪，艺术渐入佳境。常有外国人到北京来琉璃厂询问、求购其画作。国内画商看准商机，也纷纷收购其作品。京城上流社会附庸风雅者也登门求画。琉璃厂那些嗅觉敏锐的古董商更不放过这个发财机会，一时间京城纸贵。让齐白石竟有种"一身画绩终难了，晨起挥毫夜睡迟"的烦恼。不过，日常生活却有所改善，告别了那种寄人篱下的清寒日子。

齐白石中年治印"白石山人"，并以此名世，称齐白石。他一生作画不辍，从无节假日可言，惟有抗战时期母亲去世，令他悲痛不已，停工三天，写了一篇悼念文字。作家能著作等身，已经很伟大！可是对于齐白石，则名符其实可用"画作等屋"甚至"等楼"来形容。

齐白石最令人佩服的不是其勤奋多产，而是他全然不顾年迈，仍有衰年变法的勇气，敢于背道而驰，一改娴熟的画风，去追求陌生的艺境。他说："余作画数十年，未称己意，从此决定大变，不欲人知，即饿死京华，公等勿怜。……余画过于形似，无超凡之趣，决定从今大变。人欲骂之，余勿听也；人欲誉之，余勿喜也。余平生工致画未足畅机，不愿再为，作诗以告知好：从今不作簪花笑，夸誉秋来过耳风。一点不教心痛快，九泉羞煞老萍翁。余五十岁后之画，冷逸如雪个，避乡乱窜于京师，识者寡，友人师曾劝其改造，信之，即一弃。"

几经琢磨和苦练实践，齐白石终于悟出："大笔墨之画难得形似，纤细笔墨之画难得传神"，"作画妙在似与不似之间，太似为媚俗，不似为欺世"，"书画之事不要满足一时成就，要一变百变，才能独具一格"。齐白石衰年变法成功，真正达到外师造化、中得心源的自由之境。他曾用一首诗表达变法成功后的心情："扫除凡格总难能，十载关门始变更。老把精神苦抛掷，功夫深浅自心明。"一个人要衰年变法，勇气之大，非寻常人可比。齐白石敢于突变，在艺术风格上进行革命，是其天才的悟性和艺术家实力的体现。他自觉地追求"自然的精神"，从而脱却一身匠气。他勇敢地证明了，真正的天纵之才，其强大的创造力只受风格的羁绊，而不受年龄的限制。

我的未来不是梦

古语说的好:"有志不在年高,无志空长百岁。"只要勤学苦练,求艺的道路永远没有迟到者、后来人。

知识链接

《芥子园画谱》

是绘画教科书,又称《画传》,诞生于清代。清代著名文学家李渔,曾在南京营造别墅"芥子园",并支持其婿沈心友及王氏三兄弟(王概、王蓍、王臬),编绘画谱,成书出版之时,即以此园名之,备受时人赞赏。《芥子园画谱》系统介绍了中国画的基本技法,浅显明了,宜于初学者习用,故问世 300 余年来,风行于画坛,至今不衰。后世许多成名的艺术家,初学入门,皆得惠于此。

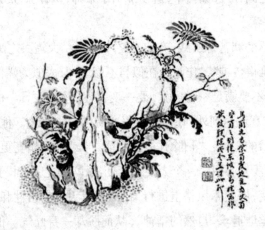

面壁三年蛹化蝶

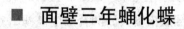

　　国画大师张大千名爰，又名季，季菱，字大千，别号大千居士，署名"蜀人张大千"。生于 1901 年，卒于 1984 年，四川内江人。是具有世界影响的中国画大师。对于张大千这个名字，我不需要太多的介绍，因为他的名字已响到中国乃至世界的每一个角落。他是 20 世纪中国画坛最具传奇色彩的国画大师，无论是绘画、书法、篆刻、诗词都无所不通。

　　张大千在幼年受热爱绘画的母亲言传身教之影响，走上艺术这条道路。那时母亲教其花鸟草虫白描。青年时又随二哥张善子到日本攻读绘画，研究染织工艺。张善子以画虎著称，自号"虎痴"。张大千深受二哥熏陶指引，勤于学习，很快与二哥齐名。回国后他曾耽于佛学，剃度为僧，法号大千，因为怕头上被烙那几个佛印而还俗，却仍以法号大千名世。他师从曾农髯、李梅庵学诗文、书法和绘画，使画艺得到提高。他的绘画深受八大山人及石涛的影响，长于山水并卓有成就，喜好工笔荷花及人物，且独树一帜，俱臻妙境。与齐白石素有"南张北齐"之誉。

　　张大千之所以取得如此伟大成就，皆缘于一生勤奋。他倾大量时间和心血临摹历代名家画作，足迹遍游名山大川，崇尚以造化为师。张大千的传统功力，可谓前无古人、后无来者。他临仿石涛和八大山人的作品维妙维肖，几近乱真。张大千大量师学石涛的作品，鲜明地体现出他对石涛的改造，他用笔运墨多以劲爽方硬胜出，重在表现山水蹊径的千变万化，有别于石涛追求笔墨的幻化。张大千曾用石涛之法画过大量写生，写遍黄山、

华山、雁荡山、恒山等名胜。印证了张大千之学石涛,在师其笔墨外,更学其师造化之境。上世纪二三十年代清宫名画大量散佚,那时张大千在古物陈列所研究古画,正是因为见到散佚的高古名画,令他眼界日宽,使原本热心于文人画的他如梦初醒,从此由师古转向写实的元宋乃至唐晋,随即也将石涛的遗风融入了后来师学的诸家遗法中,以写生融会贯通之;同时,他又受北方画家启发,涉足宋人设色花鸟,主攻水墨与浅绛山水。直至抗战胜利,他广泛搜罗,师法宋元名作,并将《韩熙载夜宴》《潇湘》《溪岸》《湖山清晓》等重要的上古名作收入囊中。他用尽毕生精力,把历朝有代表性的画作一一临摹,潜心研究,致使功力大增、取得卓著成就。

1940年,张大千决定向石窟艺术和民间艺术学习,从此西渡流沙,远赴敦煌,临摹失传已七八百年的历代壁画。这些壁画的时间跨度历经北魏、西魏、隋、唐、五代等,经过面壁苦修三年,张大千风格大变,人物画全然转向双钩重彩的唐风,画山水时水墨与丹青并举,结合北宋名派风格,形成了以唐融宋的华贵新风。张大千师法敦煌有着极为深刻的意义,他在复起高古人物画造型、用笔之外,让世人重新认识了中国画色彩的表现力。许多画家临摹壁画一般只能临其貌,却未能入其境;张大千的临古不仅神似而且乱真。为了验证自己的伪古作品,他曾请黄宾虹、张葱玉、罗振玉、吴湖帆等当时的鉴赏名家及世界各国著名博物馆专家们鉴定,竟多次被鉴定为真品!由此留下了许多趣闻轶事。这使张大千许多伪作的艺术价值较之古代名家的真品已有过之而无不及。

现今世界上许多国家博物馆都藏有他的伪作,如《来人吴中三隐》收藏于华盛顿佛利尔美术馆,《石涛山水》和《梅清山水》收藏于纽约大都会博物馆,《巨然茂林叠嶂图》收藏于伦敦大英博物馆等。因此,著名画家徐悲鸿曾说张大千为中国画史上"五百年来第一人""近代最为全能的画家"。张大千独有的特质与追求令徐悲鸿钦佩。因为虽然精通于人物、山水、花鸟的画家很多,但达到张大千这种深度,并做到学而能舍,不为古人所囿者却绝无仅有。

张大千具有熔铸古今的眼界与能力,因而可以凭做假名垂画史。他在有限的人生中把历朝历代几乎所见的古画看遍学遍临摹遍,经过孜孜不倦,刻苦专研,最后其功力竟使很多画作在他笔下都能以假乱真！他深刻理解并掌握了传统中国画包括水墨、丹青两格的几乎所有技法,开创出内涵极深且自成一格的新风,并极大地影响着画坛。这样的成就在古往今来的历史上,极其罕见。

逐梦箴言

成功要求我们读万卷书,更要行万里路,于纷繁的世界中面对无穷世象做到物实,求实,拥有一颗恒心,并通过勤奋,孜孜不倦的求索来获得。

知识链接

丹青

中国画中以墨色为主,以丹青色彩为辅,称为"水墨丹青画"。水墨丹青画一般画在绢、纸上并加以装裱。我国古代绘画常用朱红色、青色,故称画为"丹青"。《汉书·苏武传》:"竹帛所载,丹青所画。"杜甫《丹青引赠曹将军霸》:"丹青不知老将至,富贵于我如浮云。"民间也称画工为"丹青师傅"。

我的未来不是梦

智慧心语

不畏浮云遮望眼，只缘身在最高层。

——王安石

古之立大事者，不惟有超世之才，亦必有坚忍不拔之志。

——苏轼

男儿不展风云志，空负天生八尺躯。

——冯梦龙

古今一切有成就的人，都是很严肃地对待自己的生命。当他活着一天，总要尽量多劳动，多工作，多学习，不肯虚度年华，不让时间白白地浪费掉。

——邓拓

艺术的大道上荆棘丛生，这也是好事，常人望而却步，只有意志坚强的人例外。

——雨果

第四章

个性鲜明　勇于独创
是艺术家必备的特质

屈子行吟图　傅抱石

◦导读◦

　　艺术是一种个体的行为,因而艺术家应具有与众不同的个性。鲜明的个性是一个成功艺术家必备的特质。而做为一个艺术家更应具备独创精神。所谓独创,即艺术应具有不同于别人的特点、特色,艺术家要善于研究、创新,创造自己的艺术风格。没有创新就没有艺术。艺术创造必须有个性,必须要出新。齐白石有一句美学上的至理明言:"学我者生,似我者死。"说得很明白,即你可以学我的技法、精神,但不能描红似的照搬我。艺术家要勇于创新,富有创造力,而不是仅仅在模仿,这样才可能成为大师。一个艺术家要致力于在继承传统、发扬传统的基础上进行创新,不懂传统文化,否定传统文化,远离传统进行所谓的创新不可能成功。事实上我们所谓的创新往往在当时、在常人看来是不可能、不能为的事情,也可理解为离经叛道,有悖常理。

　　关于创新的典范,从傅抱石创立的"抱石皴",齐白石衰年变法创立其独特的"红花黑叶派",到黄永玉的特立独行"俗到极致即为雅"的黄体,以及林风眠的风眠体、潘玉良的独特画风,无不体现艺术家勇敢的创新精神,以及对艺术的执着奉献。

　　一个人成才,必须有所选择。有的人爱好绘画,选择了艺术;有的爱好文学,选择当一名作家。不论哪一领域,都会有很多的分支,即便是绘画这门艺术,也宽泛到没有边际。有中西之别,更有油画、水墨的不同,工笔、写意的分流。物象上有的侧重山水,有的则工于花鸟,有的精于人物;而花鸟中,有的画家又强于不同的事物,有的喜梅兰竹菊,有的好牡丹,有的擅月季,比如说起郑板桥,人们都会想到他笔下清新秀气的纤纤细竹,而说起齐白石,人们就

会想到他的大虾，说起徐悲鸿自然会想到那一幅幅奔驰的骏马
图！真可谓各领风骚。

　　这只是说明一个问题，人的精力有限，即便穷尽一生也不可能
对所涉领域达到完全的征服。所以，想让自己有所成就，聪明的画
家往往会在某一事物上下尽工夫，形成自己的特色和风格，让兴趣
和职业达到完美的统一。经过努力，独树一帜，从而成就一番非凡
的事业。

仕女图　林风眠

逐梦丹青

■ 中国的凡·高——林风眠

有世纪大师之称的林风眠最擅长描写仕女人物、京剧人物、渔村风情和女性人体以及各类静物等。他的画作有着一种悲凉、孤寂、空旷、抒情的风格。画风上他打破了中西艺术界限,造就了一种共通的艺术语言,对许多后辈画家产生深远的影响。

1900 年 11 月 22 日,林风眠出生广东省梅县白宫镇阁公岭村一个小古镇上。父亲林雨农是位传统石匠手工艺人,会刻石头,还会在纸上画几笔,这让林风眠从小就对绘画产生浓郁兴趣。

15 岁时,林风眠考取了省立梅州中学。在此期间,他和好友林文铮、李金发等一起组织了"探骊诗社",切磋诗艺,并任副社长。对于绘画,林风眠更为迷恋,曾有亲戚从南洋带回一些有外文插图的印刷品,那种色彩丰富、形象逼真的画风使自小临摹《芥子园画谱》的林风眠发现了西方神奇的艺术世界并从此心驰神往。当时,林风眠的绘画天分深得绘画教师梁伯聪的赏。这位老师发现林风眠形象记忆能力特强,图画过目不忘,并有着自己的理解和创造,所以他常在林风眠的图画作业上打 120 分。

20 世纪 20 年代,中国青年学生中掀起留洋热潮。1919 年 7 月,中学刚毕业对前途甚感迷茫的林风眠收到林文铮从上海发来的信函,获知留法勤工俭学的消息,对欧洲艺术有着美好憧憬的林风眠遂离开家乡前往上海,和林文铮一同作为第六批留法勤工俭学的学生,登上法国邮轮奥德雷纳蓬号。

1920 年 1 月,林风眠一行来到法国,进入枫丹白露市立中学补习法文,

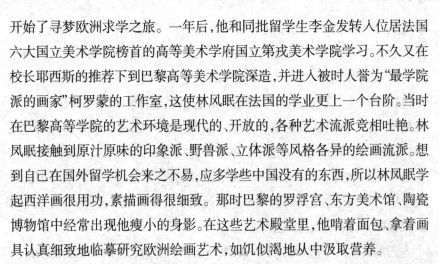

开始了寻梦欧洲求学之旅。一年后,他和同批留学生李金发转入位居法国
六大国立美术学院榜首的高等美术学府国立第戎美术学院学习。不久又在
校长耶西斯的推荐下到巴黎高等美术学院深造,并进入被时人誉为"最学院
派的画家"柯罗蒙的工作室,这使林风眠在法国的学业更上一个台阶。当时
在巴黎高等学院的艺术环境是现代的、开放的,各种艺术流派竞相吐艳。林
风眠接触到原汁原味的印象派、野兽派、立体派等风格各异的绘画流派。想
到自己在国外留学机会来之不易,应多学些中国没有的东西,所以林风眠学
起西洋画很用功,素描画得很细致。那时巴黎的罗浮宫、东方美术馆、陶瓷
博物馆中经常出现他瘦小的身影。在这些艺术殿堂里,他啃着面包、拿着画
具认真细致地临摹研究欧洲绘画艺术,如饥似渴地从中汲取营养。

　　1923 年春,林风眠与李金发、林文铮到德国游学,为期一年的游学生
活对林风眠早年艺术风格形成很大影响。他充分接触了表现主义、抽象主
义等新绘画流派,尤其对自然主义强烈反映的表现主义,林风眠以极大的
激情接受了它,并用线条和色彩去表现所看到、感受到的一切。他创造了
大量富有现实主义风格的作品,像著名的《柏林咖啡》《平静》《唐又汉之决
斗》等,这些作品主题鲜明、笔触强劲、色彩沉郁,充分体现年轻画家的诗情
幻想和浪漫热情,成为他一生中第一个创作高峰期。

　　为在异国他乡生存,并能很好地完成学业,林风眠一直勤工俭学做油漆
工。调和油漆的工作单调乏味且辛苦,可是林风眠却一点没有感觉枯燥,相
反各种油漆在调和过程中所形成的色彩涟漪以及色度渐变给他的视觉造成
强烈冲击,引起他极大兴趣。他忆起这段经历时便笑谈:"调和油漆给我留
下最美最深的印象。认识颜色是我的爱好,我就是一个典型的好色之徒。"

　　1926 年,林风眠留学归来。由于蔡元培的鼎力推荐,以得票数第一被北
平政府任命为国立北京艺专校长,从而成为全世界最年轻的艺术院校校长。
后来,林风眠再次受蔡元培之邀赴杭州创建杭州艺专并任校长。

　　林风眠任校长的杭州艺专以培养专门艺术人才,倡导艺术运动,促进
社会美育为宗旨。杭州艺专教育方针秉承林风眠的一贯主张:"介绍西洋
艺术;整理中国艺术;调和中西艺术,创造时代艺术。"他创办《亚波罗》美

我的未来不是梦

术专刊,经常撰文宣传中西艺术结合的创作经验和理论。他所在的学校聚集大量艺术界精英人材,他所倡导的主张被拥护和推崇。当时的艺术界被称为林风眠时代。1937年,日本侵华战争全面爆发,代表着林风眠"艺术运动"精神的《亚波罗》出到第17期终结;艺术界的林风眠时代宣告结束。在当局命令下,林风眠被迫离开自己一手建立的学校,带领200多名师生向后方转移。1938年,杭州艺专和逃难的北京艺专合并,成立抗战时期的国立艺术专科学校。合并后的学校由于经费、教育方针、人事等众多问题,各类矛盾时常发生。这两所林风眠都任过校长的学校之合并,最终导致他辞去校长职务,离开了国立艺专。

艺术运动的梦破碎后,林风眠便一直寻求中西艺术的汇通与融合。在重庆嘉陵江畔一所废弃的仓库里,他开始了艺术探索。林风眠的中西融合多体现在观念上,他试图用西方现代艺术观念切入中国绘画,因而在他的作品中,国画赖以生存的骨线被抽去了"笔墨"的特质,黑色仅被当成一种色彩来看待,完全失去在传统国画中具有的特殊意义。他的作品从画面上看很像西画,但从内涵看那种冷凝的悲剧精神在作品中的升华,使之更契合中国画由心而发的纯粹性。至此,独具一格的林氏画风"风眠体"终于呈现世人面前。

1950年,林风眠迁居上海南昌路一幢法式二层楼房。当时因生活所迫,其法籍妻子携女儿离开中国,留下他孑然一身,过着深居简出清贫的生活。除参加美协组织的一些活动,他整日闭门索居专心从事绘画研究。每个夜晚,他画室里的灯光都会一直亮到天明。十几个春秋就这样寂寞度过,中国画坛几乎忘记了林风眠,然而这个时期却是他的艺术黄金时代,"林风眠格体"在寂寞耕耘中臻于炉火纯青。可他却因为受到贬抑,生活更趋拮据,不得已为了生存,只好每月上交两幅画换取一点儿可怜的生活费。

林风眠晚期作品则直接表达出作者对人生苦难、善恶冲突的思索。色调沉重忧郁,人物造型夸张,更能引发观者精神上的深层思考。如果说他早期作品所表现的是强烈的人道主义精神,那么他晚期作品则是更多的对社会人生的透彻理解。

　　林风眠关于中西融合的观点淡化了传统笔墨观念，开始对形式、材料等方面予以关注，极大地丰富了20世纪中国绘画的创作，为众多后继者可资借鉴的理念。他对待外来艺术的态度可谓"西器中用"。他的绘画具有鲜明的中国文化精神、强烈的现实情怀。因而从这个意义来讲，他可以说是中国现代绘画艺术的启蒙者。他以独特的美术天赋、勇猛精进、开拓革新的求索精神，深入体悟西方美术精髓，西为中用，万法归一，开创了迥异于古人今人，令人耳目一新的崭新画风。成为融汇中西、凸显民族精神的杰出领袖，公认的20世纪中国不可或缺的美术大师。他是享有国际声望的画家之一，是现代中国美术教育的奠基者，也是中国现代绘画的开创者。

　　由于他对绘画艺术的卓越贡献，得到西方艺术界的广泛认同，西方世界称他为"中国的凡·高"。

逐梦箴言

　　艺术是寂寞之道，喧嚣的环境会让心灵蒙上灰尘，纷扰的世俗会使才智受阻闭塞。只有远离世俗的纷扰，才能为心灵寻求一块净土，从而经过辛勤耕耘收获成果。

知识链接

文森特·威廉·凡·高

　　（1853－1890），荷兰后印象派画家。表现主义的先驱，深深影响了20世纪艺术，尤其是野兽派与德国表现主义。凡·高的作品，如《星夜》《向日葵》《有乌鸦的麦田》等，现已跻身于全球最具声名、广为人知与昂贵的艺术作品的行列。1853年3月30日生于津德尔特，早年经商，热衷于宗教，1880年开始学习绘画。1890年7月29日，37岁的凡·高终因精神疾病在美丽的法国瓦兹河畔结束了自己年轻的生命。

我的未来不是梦

■ 三痴大师傅抱石

　　国画大师傅抱石素有三痴大师之称,即"诗痴""印痴""酒痴"。这即是他的特性,也是人们对他的尊称。下面,我们来领略这位三痴大师的风采。

　　诗痴:傅抱石是位博大精深的学者,毕生著述二百余万字,涉及文化的方方面面。他对古典文学与艺术的研究同样深入,尤钟情于诗,历代主要诗作无不熟稔,他最崇仰战国时代诗人屈原,心仪其品德情操,感怀其"抱石怀沙"自沉汨罗江的悲壮,所作《九歌》《屈子行吟图》蜚声遐迩。他对唐诗十分痴爱,笔下创作的唐人诗意画有着非凡的魅力。傅抱石本身便是位诗人,他所有的绘画作品都是转化为视觉形象的诗,画的语言即诗的语言,画的意境即诗的意境,达到了诗即是画,画即是诗的境界。

　　傅抱石对古人从深切理解达到感情的共鸣,可谓"思接千载",屈原、李白、杜甫、石涛等不仅是他研究的对象,还是他思想的挚友。他以绝代天才与古人息息相通,使笔下的人物充满不朽的艺术生命。

　　新中国成立后,傅抱石以饱满的创作热情迎接新生活,开始研究毛泽东诗词,将其中激动人心的诗章植入绘画作品,创作《七律·长征诗意》《沁园春·雪》《清平乐·六盘山词意》。开毛泽东诗意画创作的先河,使之成为"新山水画"的一个重要表现题材,极大地影响了一个时代,在现代美术史上作出了卓越贡献。

　　印痴:傅抱石从小学习治印,一生痴迷,操刀无数。其画作全用自刻印。他在治印上取得非凡成就,著有《摹印学》。其雕刻技术使他在学生时代便赢得第一师范"印痴"称号,在南昌城内具有一定影响,所仿赵之谦印能达到以假乱真的程度。日本留学时,他参加日本举办的全国篆刻大赛,在4厘米见方的鸡血石上,镌刻《离骚》全文达2765个字,夺得全日本篆刻大赛冠军,被日本报界誉为"篆刻神手"。后来在国内曾任著名西泠印社社长。40年代他在重庆金刚坡下寓居,所刻"抱石斋"、"抱石山斋"两方朱文奇印是他一生最爱。这二方印严谨方整,圆润温馨。其中"抱石斋"印中的"石"字作"厂品",三个口字成倒三角形,与"斋"字三个菱形相呼应,真可谓奇思独创。

酒痴:傅抱石性情豪放,嗜酒善饮,最是出名。他常以酒当茶,待酒醉微醺之际,挥毫作画,在宣纸上随心所欲自如挥洒,每每这时得意之作频出。他对此解释为:"往往醉后见天真"。1959年他与关山月在人民大会堂合作巨画《江山如此多娇》时,他向周恩来总理索酒,说是无酒不成画。周恩来总理便给他二人送来一箱茅台,二个月画完后,傅抱石不仅将自己的酒喝光,连带将关山月的也一并收入肚中,传为艺坛佳话。

傅抱石对艺术敢于研究,并勇于创新。他在日本求学研究绘画期间,继承传统的同时,融汇日本绘画技法,并受蜀中山水磅礴气势启发,大胆进行艺术变革,以皮纸破笔绘山水,开创独特皴法"抱石皴"。画法也一破传统各种技法,以破笔散锋表现山石结构,将沾满墨的干硬毛笔并不浸泡,直接用牙咬开,然后极尽笔之所能,利用笔尖、笔肚、笔根去勾勒皴染,表现山石险峻、峭拔的特征;用墨酣畅淋漓,营造出湿气氤氲的效果。傅抱石这种用散锋乱笔创造的独特"抱石皴"皴法以气取势,磅礴多姿,自然天成,可谓"打破笔墨约束的第一法门"。

傅抱石在山水画上成就巨大。由于长期对真山真水的体察,他自然地摆脱了古人笔墨,善用浓墨、渲染法,所绘云烟迷雾,壮丽沉雄。其画作意象深邃,章法新颖,常将山峰伸出纸外,顶着画纸的边缘,于满纸充塞山峦树木,从而破除传统格局,形成遮天盖地的磅礴气势。他还擅绘水和雨,在传统技法基础上,运用独创"抱石皴"推陈出新,独树一帜,对中国现代山水画起到继往开来的作用。

逐梦丹青

　　傅抱石的人物画曾深受顾恺之及陈老莲影响，但经他蜕变运用也自成一格。他笔下的人物多以古代文学名著为题材，用笔洗练，注重气韵，线条劲健；他注重以形求神，刻意表现人物内在气质，虽乱头粗服，却矜持恬静，达到出神入化。他还融山水画的技法到人物画中，一改清代以来的人物画风，显示独特的个性，开创现代金陵画派的全新风格。他兼擅书法、篆刻，从而更彰显开宗立派一代艺术大师的风范。

逐梦箴言

　　每一个成功的画家都是有着鲜明个性，并有着善于创新的天才。画家胆敢独创，想别人所未想，才能画别人所未能画。这是作为一个画家高出别人的特质。
　　创新，要求有非凡的勇气，即使失败也要勇敢地尝试；要求有聪慧的头脑，善于发现和总结事物共存和潜在的联系及规律；更要求有卓越的眼光和果敢的精神，想做并敢于去做。

知识链接

篆刻
　　因印章多用篆文刻成，故称篆刻。篆刻是一门与书法密切结合的传统艺术，迄今已有两三千年的历史，又称玺印、印或印章等。

皴法
　　中国画技法名称。是表现山石峰峦和树身表皮脉络纹理的画法。画时先勾出轮廓，再用淡干墨侧笔而画。有披麻皴、雨点皴、卷云皴、解索皴、牛毛皴、大斧劈皴、小斧劈皴等；鳞皴、绳皴、横皴等。

■ 一代画魂潘玉良

　　女画家潘玉良曾获一代画魂之美誉。1918 年，潘玉良在潘赞化的鼓励下，参加了上海美术专科学校招生考试，在考场上她泰然自若地挥动画笔，准确地用线条表达感觉，她的素描画受到了考师们的一致赞扬。

　　学校发榜那天，潘玉良挤在人群里焦急地在榜上找自己的名字，可从头到尾都没有，她失望至极。因为曾经的雏妓身份她没有被录取。老师洪先生得知消息迅即赶到美专教务处询问，却被告知："我们的模特纠纷还未平息，录取她这种出身的学生，不正好给卫道士们找到借口吗？"当时上海美专正因开设裸体模特课被社会舆论围攻。洪先生急了，立刻去找校长刘海粟，义正辞严阐述自己的看法："学校录取学生，只认成绩；国家用人，只认人才。老天爷也不拘一格降人才吗！将出身作为取舍的标准，还叫学校吗？从古到今都没见这样一个不成条文的规矩，你们这样对待人才太不公平了！这是对艺术的扭曲。"刘海粟校长听了不仅未生气，反而很受感动，立即拿起笔来到榜文前，在第一名左边空隙处写下"张玉良"三个字，并在上面加盖了教务处公章。

　　就这样在 1918 年，潘玉良踏进了上海美专——中国高等艺术学府的大门。

　　潘玉良考进美专第二学年，便表现了与众不同的鲜明个性。当时学校开设人体素描，上第一节课那天，同学们走进教室看见讲台前站着一个美丽的裸体少女，都害羞地低下了头。玉良也感到难为情，头低到画架上，紧张得一颗心怦怦直跳。她那天的作业遭到老师批评："你风景画得那么好，怎么在人体造型上感觉这么迟钝？"

老师的话让她压抑了好久。一次在浴室洗澡，玉良看到裸体的自己，她眼前顿时放出光彩，心想这不是练习人体的好机会吗？回到宿舍，她拿起铅笔和速写本，拉上窗帘对着镜子自画起来，沉浸在艺术实践的兴奋中。到了星期天，她回到家，关好门窗，拉上布帘，脱去衣服，赤条条地坐在镜前，仔细观察自己身体各部位进行创作。后来她自画裸体被家人发现，招致痛责并且挨了顿打，使精神和身体都受了创伤。但是她的自画习作使她进入了优秀毕业生的行列。

潘玉良自画裸体轰动学校，被当作新闻传递，褒贬不一。校长刘海粟找她谈话，关切地对她说："玉良女士，西画在国内发展受到限制，毕业后去到法国吧，我给你找个法语教师辅导你学法语。"校长的良苦用心，让玉良很感动。于是她向潘赞化征求意见；潘赞化认为玉良追求的是有意义的事业，也是她的理想，所以给了玉良极大的支持。

1921年潘玉良顺利考取留学津贴，坐上了加拿大皇后号邮轮，远渡重洋，寻梦巴黎，开始了异国他乡求学之旅。在里昂中法大学补习一个月法语后，潘玉良就以素描优异成绩考进国立里昂美专。1923年又转插到巴黎国立美专。这期间，她曾与同学徐悲鸿、邱代明等一同在巴黎的凯旋门，在波光粼粼的塞纳河上畅游写生。1925年她结束巴黎国立美专学业，以毕业第一名的成绩获取罗马奖学金，得以到意大利深造，进入罗马国立美术专门学校学习油画和雕塑。艺术之都罗马，以规模宏大的古代建筑和丰富的艺术珍藏称著于世，向潘玉良敞开艺术的怀抱。在这里，潘玉良勤奋学习和创作，努力汲取艺术知识和养分。1926年她的作品在罗马国际艺术展览会上荣获金质奖，打破了该院历史上没有中国人获奖的记录。1928年，她油画专业毕业，正式考入琼斯教授的雕塑班，成为高级学术权威琼斯教授的免费学生。

由于当时中国政局不稳，玉良微薄的留学津贴开始时断时续，又逢潘赞化丢了海关监督之职，无法寄钱给玉良，残酷的现实使潘玉良常饿着肚子上课。1929年春，四个月未见家信和津贴的潘玉良，一次在课堂上晕了过去，教授和同学们见状纷纷凑钱给她。正在这时，她收到来自欧亚现代画展评选委员会的一张汇票，附言："潘张玉良女士，你的油画《裸女》荣获三等奖，奖金五千里尔。"正是这救命的五千里尔让玉良度过了最艰难的时刻。

在即将圆满完成学业时，玉良与在欧洲游历的校长刘海粟不期而遇。

异国重逢,她无比激动地抱住老校长一句话也说不出来,眼里满是泪花。当下,刘海粟给玉良写了聘书,聘她任上海美专绘画研究室主任兼导师。

1930年,潘玉良结束9年异国他乡的飘泊,满怀激动的心情学成归来。尤其能够和潘赞化久别重逢,令她万分喜悦。

两个月后,潘玉良在上海举办"中国第一个女西画家画展"。展品两百多件,震动了中国画坛。《申报》发专题消息,刘海粟校长从罗马发来贺电。玉良的留法同学徐悲鸿,以中大艺术系主任身份聘请她去"中大"执教。1932年,玉良举办第二次个人画展。游欧回国的刘海粟校长亲临画展。他在那张《浮山古刹》前停住,指着画对身旁围观的人说:"你们看,好一座别致有趣的古刹,可谓淋漓逼真,惟妙惟肖,它说明了作者西画功底坚实,也表现了技巧的纯熟,意境不错。"在场观者无不赞同,谁知刘海粟话锋一转:"可是,我不喜欢也不主张这种素描,我主张借鉴西方的艺术,用以丰富和发展我国的绘画艺术!"玉良听了很受震动,她认真思量终于明白自己作品缺乏个性。于是,为了充实和丰富自己的艺术,她孤身走遍黄山、庐山,在峰巅、峡谷、河畔、林间写生创作。经过一番辛勤努力,两年后她再次展出别开生面的新作,受到人们广泛赞誉。

1936年她举办个人第五次画展,也是她在祖国的最后一次画展。《人力壮士》赢得了最高荣誉。不料在收展时,《人力壮士》被人恶毒地贴上一张纸条,写着:"妓女对嫖客的颂歌。"这给潘玉良心灵重重一击!

画展刚刚结束,玉良心上的伤痛未及平复,便接到潘赞化电话,告知大夫人来了。于是她回到家中聆听大夫人训示:"国有国法,家有家规,大尊小卑,千古常理,不要以为当了教授就可以同我平起平坐!"潘赞化左右为难,玉良同情赞化,她不得不屈服,走过去对着大夫人双膝跪了下来。

家庭压抑,外部受挫,可谓内忧外患,万分痛苦之际,潘玉良又想到了异邦法国,仿佛只有在那里,她的心才是自由的,她的艺术天空才是广阔的。1937年,潘玉良再次坐上加拿大皇后号邮轮来到巴黎,开始了旅居生活。这次出国旅居,使她的艺术创造了辉煌的成就。有时她去大学弥尔画苑作画、雕塑;有时到郊外写生。每当创作出好作品她就珍藏起来,只出售些平庸之作维持生活。一次她在"中大"的学生王守义专程到法国找她,跟她承订格鲁赛先生的雕像,报酬六千法郎,时间三个月。潘玉良为完成这尊雕

像花费不少心血,按合同规定,作品完成后须鉴赏家审定。当时法国的鉴赏权威是法国东方美术研究家那赛夫先生,那赛夫先生看完作品高兴异常:"潘夫人,谢谢您!这座格氏雕像,是我所见过的最为成功的作品。我是格鲁赛先生生前好友,他的形象我永远忘却不了,感谢您这灵巧之笔,再现了他庄严的学者风度和永远谦和的品格,真是栩栩如生,好极了!我们博物馆决定收藏它。"接着,那赛夫先生又试探地问:"夫人,能让我欣赏您的其他作品吗?"那赛夫先生的赞扬让玉良很感动,于是,她请那赛夫走进了自己的工作室。那赛夫一边观看一边惊叹:"这就像藏匿在深谷的一朵意大利黑色郁金香,独具神韵。一旦被识者发现,就会让艺坛惊倒!"

1950年,潘玉良在瑞士、意大利、希腊、比利时4国巡回画展,历时9个多月,获得比利时皇家艺术学院艺术圣诞奖章。当她载誉回到巴黎时,又被选为巴黎中国艺术学会会长! 1958年8月,"中国画家潘玉良夫人美术作品展览会"在巴黎多尔赛画廊开幕。展出她多年珍藏作品,雕塑《张大千头像》《矿工》《王守义胸像》《中国女诗人》,画《塞纳河畔》、水彩画《浴后》等等。展览未闭幕,展品除自藏未标价外,均订购一空。巴黎市政府购藏十六件,国家教育部、市立东方美术馆都购画进行收藏。特别是国立现代美术馆购藏了雕塑《张大大千头像》和水彩画《浴后》! 各大报纸和刊物争相发表评论文章。1959年,巴黎大学把多尔利奖授给潘玉良,这在巴黎大学奖励史上绝无仅有。巴黎市长亲自主持授奖仪式,授给她银盾、奖章、奖状和一小星型佩章。

1964年,法中建立外交关系,大使馆派人看望潘玉良,才使她惊悉潘赞化已于1959年7月离开人世。归乡梦再次被打碎! 沉重的打击使潘玉良从此染病不起,再未拿起画笔。

十年后,中国结束文革动乱,此时的潘玉良已躺在病床多年。一天,大使馆派代表前来告知她错划的右派得以平反,她的老校长刘海粟已回到南京艺术学院任院长。听闻喜讯,潘玉良颤抖地从胸前掏出怀表,又从脖子上取下嵌有同潘赞化合影的项链,交到守护她的学生王守义手中,用尽最后气力拜托王守义将这二样物品带回祖国交给潘赞化的后人。还有她的自画像,她说:"也带回去,就算我回到了祖国!"一代画魂潘玉良就这样悲哀辞世。

潘玉良天生一副艺术家气质。她的油画不论气度、修养,还是技巧,在中国早期西画家中几乎无人可比。她的画作融合其独特的感受才情,画风不妩媚,不纤柔,用笔干脆利落,用色主观大胆。她的豪放性格和艺术追求在其酣畅泼辣的笔触下和色彩里表露无遗。她对各种美术形式都有所涉及:风景、人物、静物、雕塑、版画、国画无所不精,且造诣极深。对传统写实、近代印象派和现代画派乃至于倾向国风的中西融合都大胆探索、且游刃有余,表现出色。

纵观潘玉良的艺术生涯,可以看出她的绘画艺术是在中西方文化不断碰撞、融合中发展起来的。切合了她"中西合于一治"的艺术主张。那赛夫先生曾评价潘玉良的成就:"她的作品融中西画之长,又赋于自己的个性色彩。她的素描具有中国书法的笔韵,以生动的线条来形容实体的柔和与自在,这是潘夫人的风格。她的油画含有中国水墨画技法,用清雅的色调点染画面,色彩的深浅疏密与线条相互依存,很自然地显露出远近、明暗、虚实,色韵,她用中国的书法和笔法来描绘万物,对现代艺术作出了丰富的贡献。"

逐梦箴言

天才像种子一样需要一片适合自己的土壤,才会生根、发芽、开花、结果。找到适合自己发展的环境空间会让自己的才华和个性得到最大程度的发挥。有时候,亲人别离、背景离乡或者处在一个陌生的国度,更能让人倾全部心血和精力于艺术,从而取得非凡的成就。

知识链接

水彩画

用水调和透明颜料作画的一种绘画方法,简称水彩,由于色彩透明,一层颜色覆盖另一层可以产生特殊的效果,水彩画不适宜制作大幅作品,适合制作风景等清新明快的小幅画作。

我的未来不是梦

● 智慧心语 ●

道之所在,虽千万人吾往矣。

——孟子

我要有能做我自己的自由和敢做我自己的胆量。

——林语堂

走自己的路,让别人说去吧。

——但丁

世界是一片暗夜,每个人必须给自己照亮道路。

——高尔基

每个人都有他的隐藏的精华,和任何别人的精华不同,它使人具有自己的气味。

——罗曼·罗兰

第五章

美德良师 高尚益友
指引艺术家前行的道路和方向

李苦禅与齐白石

·导读·

　　名师出高徒。此乃至理名言。我们一生中总会遇到许多好的老师，传授给我们知识，教给我们人生宝贵的经验。一个好的老师，仿佛一盏指路明灯，可以为我们的人生指明道路，指引前进的方向；其高尚的人格魅力、崇高的人生信仰，会影响我们一生。这种影响如影随形，潜移默化，让人由心崇拜，并身体力行！

　　再来说益友。古语有云："近朱者赤，近墨者黑。"深刻说明了选择朋友的重要。高尚之友，如陈年美酒，酒香醉人。真正的朋友，困难时给我们最大的精神支持和鼓励，彷徨时会给我们无穷的信心和力量，气馁时给我们前进的动力和勇气。这种真情，会让人生倍感温暖。每每想起，总会生出无限感动，从而激励我们不断向前。有这样一句话说得很好，发达的时候，朋友认识了我们；困难的时候，我们认识了朋友。这句话给什么样的人才是真正的朋友做了准确的界定.

牧牛图　李可染

汝自鹏扑上，余惭鹞退飞

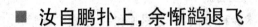

李可染是现代杰出的中国画家。1907年3月26日出生于江苏徐州一个平民之家，原名永顺。童年李可染最先对音乐产生痴迷，小时候一个沿街卖艺求乞的盲琴师的悲凉琴声曾深深吸引他。每当听到那悠长、凄楚的琴声，他便怦然心动。他常暗随琴师，听人家拉琴，默记弦音。所以童年李可染已经谙识不少民间曲调，他还自制了一把小胡琴，并拉得一手好琴。他对戏曲表现了极大的爱好，那些着戏服的人物形象更是引起他极大兴趣，他常用碎碗片在地上画戏曲人物，画得惟妙惟肖，引得邻居围观称赞。7岁时他进入私塾，还常在课堂上画画。老师见他画的好，心里宠爱不加阻止，任由他画下去。10岁时上了小学，教图画的老师王琴舫见他天资聪颖，又勤奋好学，心下喜爱，赞曰："孺子可教，素质可染。"于是给他取学名可染。

有一年小学放暑假，李可染常和同学去城墙垣道玩耍。靠城墙有一片园林建筑，名曰"快哉亭"，是徐州"集益书画社"的活动场所。一天，几位文人长者正在那里作画。李可染无意间看见，便被吸引，痴痴地立在窗外观看。他看到一位老画师在宣纸上画梅花，随着笔墨挥洒，不多会儿便见腊梅盈纸，令人神怡。这位画师便是钱食芝，著名的山水画大家。此后，李可染天天跑去"快哉亭"，在窗外候着，等着看画家作画。一位长者见他如此着迷，感叹道："后生可畏！"便招呼他进去。从此李可染成了画师们的"研墨童子"，每天清早，李可染都提着小桶到井边汲水，研好墨，然后等着看画师们作画。看的时间长了，有时他竟能把所见全幅山水背临下来，这使画

我的未来不是梦

师们大为惊讶,催促他拜钱食芝为师。

李可染正式拜师后,钱食芝为这个小学徒画了一大帧山水,附诗:"童年能弄墨,灵敏世应稀。汝自鹏扑上,余惭鹚退飞。"钱食芝预感这个弄墨的童子将会如大鹏展翅,前途无限。今天,在徐州李可染旧居,人们可在墙上很醒目的位置看到一张泛黄照片。照片上人物留着胡须,十分儒雅,这就是李可染的美术启蒙老师钱食芝先生。

1923 年李可染考入上海美术专科学校,学习图画和手工制作,在学校他得以见到前辈画家吴昌硕真迹,心灵受到震撼。在学校一次纪念会上,聆听到康有为演讲数年来周游全球,认为中国唐宋绘画为世界艺术高峰,从而激发李可染立志献身绘画艺术的雄心大志。1925 年他的毕业作品以效王翚派细笔山水中堂名列第一。刘海粟校长亲自为画作了题跋。

1929 年,22 岁的李可染超越七年学历,报考西湖国立艺术院首届油画研究生,完成艺术人生的重要转折。那次报考,是他第一次拿起油笔,还是一同前来报考的山东青年张眺临阵教授的。在考场上,李可染开始有些慌,不知从何下手,总扣放画板,待教授来指导时才翻正过来。却见画板一角写着一个"亡"字,暗示画不好素描宁可"亡"。于是他调整情绪,想着考前张眺给他的指点,终于完成一幅人体油画,画风雄厚大胆,让慧眼识才的林风眠校长极为欣赏并破格录取。

李可染师从林风眠后,专攻素描和油画,同时自修国画,研习美术史论。后来,他加入杭州刚成立的"一八艺社",参加进步活动引起当局注意。1932年秋,"一八艺社"进步美术活动遭禁。李可染住处被收查,室内书刊、画页、床被、垫褥全都翻乱,笔记本给收走。而且和他同住一室的好友张眺被抓,关进陆军监狱。因校长林风眠出面作保,张眺得以出狱,并辗转去了苏区,成为代表进步力量的左翼文艺运动领导人。由于形势严峻,李可染也在林风眠校长暗中帮助下,悄悄离开西湖,返回家乡。

1932 年到 1946 年间,李可染多次举办画展,并创作抗日题材画作。这期间他结识了周恩来、郭沫若、美学家蔡仪、大画家徐悲鸿、作家老舍。并于 1947 年,在徐悲鸿的引荐下,拜齐白石为师。当时李可染带着自己作品

去拜见齐白石。齐白石先是躺在睡椅上看了两张,然后坐了起来,再看两张后,齐白石就站了起来,兴奋地说:"三十年前我在画纸上认识了徐渭,今天我见到了难得的可造之大才。"齐白石一生孤傲,唯有徐渭一样才华横溢之人才能得到他的青睐!

当时齐白石不仅是写意花鸟巨匠,还是金石篆刻巨擘,而且正进行衰年变法,艰难地走着"寂寞之路"。齐白石第一次看到李可染的写意画就十分欣赏、推崇,后来多次在李可染画作上题写画跋,给予高度评价。齐白石曾在李可染《耙草歇牛图》题跋:"心思手作,不愧乾嘉间以后继起高手。"在《牧童双牛图》中题:"中国画后代高出上古者,在乾嘉间,向后高手无多。至同光间,仅有赵㧑叔,再后只有吴缶庐。缶庐去后约二十余年,画手如鳞,继缶庐者有李可染。今见可染画多,因多事饶舌。"齐白石作《五蟹图》赠李可染,题云:"昔司马相如文章横行天下,今可染弟之书画可以横行矣。"

李可染师从齐白石十年,像当年"快哉亭"内为集益书画社的画师们做画童一样,依旧每天为老师磨墨理纸,看老师作画。但是齐白石的花卉,他从来不画。他只学齐白石的作画态度,用笔运墨之法,构思之奇妙,及勇敢独创的精神。齐白石曾赠李可染一枚构思奇巧的印章"树下童子"。赠印时,齐白石讲两句古语:"李下不整冠,瓜田不纳履。"示其以洁身自好为做人本色。1957年,李可染出访德国期间,97岁的齐白石溘然长逝,李可染未能及时赶回奔丧,弟子之谊未尽,使他遗憾终生。

李可染同时还求教于大师黄宾虹。他第一次拜访黄宾虹,带了大约20幅作品。黄宾虹见到李可染笔下那气势厚重、笔墨浑化的水墨钟馗,大为欣赏,兴奋之极当即要把收藏的元代珍品《钟馗打鬼图》送给他。因礼太厚重,李可染敬辞未受。师生一见如故,至此结缘。黄宾虹精于画史和鉴赏。他品评艺格高低,看重艺术标准是"纯全内美",反感轻薄浮华。黄宾虹山水画风浑厚无比,极大地影响了李可染的审美观。1954年,李可染赴江南写生,在黄宾虹老师家住了多天。黄宾虹用装在墙上的小滑轮将自己的藏画一一挂起给他看,并逐一品评,二人整整观赏两天。黄宾虹当时眼患白内障,戴着墨镜,仍然摸索作画,每日勾山水画稿,勤奋不惰。一天晚上,黄宾虹在灯

我的未来不是梦

下一气勾了七八张山水轮廓,令李可染十分感叹:"前辈老师用功之勤苦,实非我等后辈可及。"黄宾虹每日精选一幅当天画稿赠李可染。临行,还亲送上路,送出很远,并赠自书楹联留念。李可染无论如何没有想到,这竟是他亲聆黄宾虹老师教诲的最后一次。转年,黄宾虹辞世。

李可染在艺术道路上是如此的幸运,他的人生中遇到了二位艺格、品格高尚的大师。齐白石、黄宾虹两位大师都给了他最大的指导和影响。李可染虽然师从齐黄二位大师,但他学师而不泥。比如齐白石喜欢画虾,画螃蟹,倡导写意最高境界在"像与不像之间"。李可染从不画虾和螃蟹,但他的写意山水,写意水牛,写意人物皆在像与不像之间。黄宾虹的山水画以黑、厚、重著名,李可染的山水比黄宾虹老师的更厚、更黑、更重,满纸涂抹,在厚重的同时更注意留白,小路、山涧、还有朵朵的白云都是留白形成。这样的留白使画作几乎看不到一丝黄宾虹的影子,同时充满灵气和美感。他学到了二位老师的绘画理念和精髓。学古人不似古人;学自然不似自然;学老师却与老师风格迥异。这就是李可染绘画艺术博大精深之所在。

逐梦箴言

"师者,所以传道、授业、解惑也。"在美德名师的指引下,成功会事半功倍。

知识链接

写意画

是用简练的笔法描绘景物,多画在生宣上,较工笔画更能体现所描绘景物的神韵,也更能直接地抒发作者的感情。是融诗、书、画、印为一体的艺术表现形式.

　　王翚（1632—1717），字石谷，号耕烟散人、乌目山中人、清晖主人等。师王鉴、王时敏，临摹宋、元名迹，吸取名家技法，治为一炉。是清代著名画家，被称为清初画圣。是清初"四王"中技法比较全面、成就比较突出的一位。曾受清康熙帝之命主绘《南巡图》。有"画圣"之誉。与同时代的画家太仓王时敏、王鉴、王原祁并称"四王"；合吴历、恽寿平，世称"清六家"。

王石谷山水图

■ "拉洋车有什么不好！"

　　李苦禅是中国美术史上的杰出人物、承前启后的艺术大师。美术界公认："吴昌硕之后有齐白石，齐白石之后有李苦禅。"

　　1899 年，李苦禅生于山东高唐一个贫苦农家，名英杰，字超三。他从小酷爱绘画艺术。贫寒的家境促使他发奋读书。1918 年夏，李苦禅年仅 19 岁，为了到北平学习绘画，他竟独自从山东高唐徒步进京，走了半个月，一路风餐露宿、衣衫褴褛地来到北京大学校门口。就在北大门前，他与年轻画家徐悲鸿相遇。当时徐悲鸿穿一袭长衫。李苦禅见了认定他是学校的老师，就向他询问："这里有教画画的地方吗？"徐悲鸿看了看他，很和气地说："你随我来吧！"领着李苦禅来到一间充满松节油、亚麻油味道的大屋子里。李苦禅自我介绍："我叫李英杰，是名学生，利用暑假来北京学画画。不知道您尊姓大名，能否教我画画？"当知道面前这位就是大名鼎鼎的画家徐悲鸿，李苦禅激动万分。徐悲鸿当时深得蔡元培赏识在北京大学为其设立了"画法研究会"，就是这个满屋子松节油的大屋子。就这样，李苦禅这个从农村来的少年非常荣幸的从师徐悲鸿学习炭画素描，听徐悲鸿给他讲授西方油画以及西画常识。

　　画油画是件奢侈的事情，所用材料亚麻油画布也很贵。为挣钱学画，李苦禅只好去拉洋车。但拉车也不好做，里面有帮派，得罪了人要挨揍。只有一条通往海淀区的路很荒凉，晚上别人都怕危险不敢拉，也就没有帮派管。李苦禅生长的村子人人尚武，当年曾出过义和团，所以他自恃武艺在身，晚上便常到那条路上拉车，腰里捆着七节鞭当自卫武器。每当碰到劫

盗,他都是先安顿好客人,然后摆好架势,遇有不服的就跟人家过几招。不久就传开有个山东小伙功夫厉害,他的车千万别碰。于是他挣的钱多起来了。可拉洋车最怕北京的冬天,大冷天,有时跑得棉袄都湿透了也没几个客人,所以生活还是很艰难。

跟徐悲鸿学习五年后,24岁时李苦禅经徐悲鸿介绍,禀从徐师中西结合的绘画理念,拜师齐白石门下,成为齐白石第一位弟子。当时齐白石还不出名。李苦禅听说齐白石也是农民的儿子,当过木匠,人有人格,画有画格,讲传统,也讲创新,就很想拜师。那个时代没有画廊,画家的画由"南纸店"代卖。李苦禅在南纸店看到齐白石的画,打听到齐师住处,便和同学王雪涛一起去拜师,当时齐白石租着一间小房子,带着儿子清贫度日。北京那时通行砌炕,晚上在炕上睡觉,白天卷起铺盖在炕上作画。二人见了齐白石,非常诚恳地说:"我们是学校里学洋画的学生,但喜欢您的国画。我们从农村来,不会说什么话,现在没什么钱,等将来做了事情再弥补孝敬您。"二个山东人的朴实劲感动了齐白石,点头欣然接受。李苦禅一高兴,顾不得站的地方不合适,跪下就磕头,结果因为地方太挤,头蹭在墙上,半个头都蹭白,竟把齐白石逗笑了。从此,李苦禅靠夜间拉洋车维持生计与学艺,白天在艺专上课,拉个三晚上洋车,四个晚上去齐白石那里学画,给老师撑纸、研磨。

事由凑巧,在一个风雪之夜李苦禅正在拉车,却见师傅齐白石站在面前,李苦禅急出一身汗,调头想走。尽管天黑,齐白石还是认出了自己弟子,他喊住弟子拉他回家。李苦禅只好把师傅扶上车,然后低头拉车往前跑:到地方后,齐白石执意要他收下车钱。因为这,李苦禅好几天没敢登师傅的门,他怕师傅看不起心里十分矛盾。几天后,他终于硬着头皮走进了师傅的家。齐白石停下画笔,目光炯炯地看着他:"拉洋车有什么不好! 为了求学,自食其力,堂堂正正,有什么可丢人的? 老夫幼时当过木匠,还特篆刻了一枚'木人'印章搣在画幅之上! 古人云'君子必自重,人始重之'。"听师傅这样说,李苦禅很感动,心里轻松了许多。从此他将师傅的教诲牢记在心,刻苦学画。齐白石也越发喜爱这位志存高远、毅力不凡的年轻人。

我的未来不是梦

逐梦丹青

齐白石一生门下弟子数百人，独独这样盛赞李苦禅："英也过我也"（英指苦禅）、"英也夺我心"、"英也无敌"，并预言："苦禅的画是要传世的。"齐白石说李英杰最了解他心意，其人品、画品都堪称一绝，日后成就必将超过他，驰名画坛。齐白石还特意画一幅《不倒翁》送给李苦禅，鼓励其欲学作好画、先学做好人。为牢记师傅教诲，李英杰至此改名"李苦禅"，"苦"意味苦难的历程，"禅"古称写意画为禅宗画，写意画正是他的擅长。

李苦禅继承齐白石之人品与画品，摸索出自己的画风。师傅自尊自爱的品格让他受益匪浅，他曾一再地强调："画家必先有人格，尔后才有画格，人无品格，下笔无方。"后来，李苦禅成为驰骋画坛的大画家。李苦禅在师从徐悲鸿、齐白石求艺悟道的艰苦历程中，学贯中西，自辟蹊径，形成了自己的独特艺术风格，创立李苦禅画派。

逐梦箴言

从师学艺，不只是学习老师的技艺，更要学习老师的高尚品德。人品便是艺品。人格如画格。因而老师也不应只教授学生知识，更要传授做人的道理，是谓师道。

知识链接

宣纸

中国古代用于书写和绘画的纸。宣纸起于唐代。原产地是安徽的泾县。到宋代时期，徽州、池州、宣城等地的造纸业逐渐转移集中于泾县。当时泾县为宁国府管辖，宁国府在今宣城，宣城为宣纸集散地，所以这里生产的纸被称为"宣纸"，亦有人称泾县纸。宣纸易于保存，经久不脆，不会褪色，故有"纸寿千年"之誉。

南纸，南方的宣纸在北叫做南纸。

■ "没有良师益友就没有我"

　　中国现代著名国画家关山月，原名关泽霈，1912 年 9 月 16 日出生于广东省阳江县，早年就读于广州市立师范学校，曾刻苦自学绘画。后得岭南画派创始人高剑父先生赏识，成为高氏入室弟子，并为其改名"关山月"。

　　关山月从童年开始就喜爱涂鸦。虽然生长在农村，穷乡僻壤，生活很苦，但他热爱乡村的山水林泉、瓜菜花果；喜好捉虫捕鸟，捞鱼摸虾；他喜欢边玩边画，常拾起碎瓦片，捡来木柴炭就在晒谷场的地上画。读小学时，关山月就画遍中国的分省地图。有次他借到《芥子园画谱》，瞒着父亲偷偷地将画谱全部临摹下来。关山月的父亲是位小学教师，会画几笔梅兰菊竹，但却不准关山月学画画，怕荒废学业，将来没有出息，所以关山月常偷偷地画。抗日战争初期，关山月在中学念书，参加了学校的抗日宣传工作，开始用画笔宣传抗战。他曾在一幅很大的竹布上画了张《来一个杀一个》的漫画挂在家乡阳江县城的大街上。这是他第一次用画笔宣传抗日。

　　关山月拜师还有一段典故。1938 年，关山月在广州一家裱画店里看到高剑父画作，甚是喜欢，心里便总想着拜高老为师。听说高剑父在中山大学教国画，关山月就借了中大的学生证冒名顶替去听课。一次课堂上，高剑父让学生们临摹他的一幅画，并现场逐一指导。等走到关山月身边时，高剑父停了下来，很认真地看关山月画完，然后询问他是哪个班的，名字叫什么，关山月不得已将冒名顶替的事说了，说完心里十分害怕。可让他没想到的是，高剑父却说："你明天不用来这里上课了，到我的春睡画院

学吧,免收学费,包吃包住。"就这样,关山月成了高剑父的弟子,正是高剑父的惜才爱才造就了今天的国画大师关山月。

当时广州常受日机空袭威胁,但关山月一直追随在老师身边学习绘画。广州沦陷后,关山月与老师失散。他不得不背着一袋炒米过了两个月的流浪生活,最后逃难到澳门又找到了老师,此后跟着老师在澳门一间寺院里住了两年。这两年中他画了数十幅有关抗战题材的国画,其中《三灶岛外所见》《渔民之劫》《艇娃》等画作曾于1939年参加莫斯科的中国画展览。

关山月有个宏愿,行万里路作万里画。高剑父担心弟子追逐名利迷失自己。所以在关山月开始万里行画展时,高剑父特意吟了"在山泉水清,出山泉水浊"两句古诗赠弟子。关山月一直以此自戒,还将自己的画室命名为"鉴泉居"。

此后半个世纪的艺术生涯中,关山月时刻禀承尊师高剑父所倡导的"笔墨当随时代"和"折衷中西,融汇古今"的艺术主张,并始终不渝地贯穿于自己的艺术人生与实践中。

1947年,高剑父被任命为广州市立艺专校长,关山月奉师命到校做教授兼国画科主任。这是关山月第一次从事美术教学工作,可是在他心里一直留恋那些旅行写生的流浪生涯。"真山好水心头动,乐地欢天苦里寻""会情遇境狂图写,流水行云踏浪歌"。他的内心已无法离开那种"苦味无穷,乐在其中"的生活。所以1948年,关山月辞去教学工作,又到东南亚一带走了半年,并把在国内多年的写生作品带到南洋去展览,又画好多南洋风土人物画带回来,先后在广州、香港、上海、南京展出,并于上海出版《南海纪游画集》和《西北纪游画集》,尊师高剑父还亲为关山月的两本画集封面题字。

为实现"行万里路,绘万卷丹青",关山月到澳门、香港、广州湾、桂林、贵阳、昆明、重庆、成都等许多地方举行抗战画展和写生画展,"以画会友",结识了许多进步文艺家;这些进步文艺家的鼓舞和鞭策给了他前进的无穷力量。

关山月的抗战画第一次在澳门展出,是关山月最难的一次。那时的关山月没钱,还常常饿肚子。幸有高剑父老师时常资助,才使他得以继续。开画展得先花本钱对作品进行装裱。贫穷的关山月为此一愁莫展,这时他所寄住寺院里的慧因和尚慷慨出手帮助了他。那次画展叶浅予、张光宇专程从香港赶来观看,然后邀请关山月到香港举行展览会;叶浅予在《今日中国》用两个版面发表关山月的抗战画,张光宇则在《星岛日报》为关山月出版了抗战画展专刊,香港《大公报》也出版了专刊,还有不少进步作家为他的画展写了评论。关山月的抗战画展在桂林举行时,夏衍同志在《救亡日报》为画展出特刊。1944年,关山月的画展在重庆举行,郭沫若同志专程来看展览,并写评论对关山月的创作给予充分肯定,还写了长篇跋语,吟了六首七绝,分别题在《塞外驼铃》和《蒙民牧居》两幅展品上。1948年关山月出版《西南北纪游画集》《南洋纪游画集》时,徐悲鸿为画集撰书序文,对关山月的作品给予很高评价。

在关山月举行万里行画展的过程中,经常碰到不少实际困难。一次在成都开画展被逼收展场租金,令关山月一筹莫展,因为他当时的经济状况真正是山穷水尽!赶巧画展第一天,画家张大千先生第一个来到展场,一见面就问关山月,哪张画价格最高,并立刻吩咐随行人员交了现款。那是一张关山月的峨眉山写生画,价钱足够关山月数月的开支。自这幅画贴上张大千的红纸订条后,许多不懂画的买主也纷纷争购关山月的作品。张大千此时伸出援手,对于流落异乡,像行脚僧一样靠自己的手来养活自己艺术的关山月,真正是雪中送炭!而且恰逢关山月处在被逼债的窘境!张大千是当地知名大画家,也是长辈,如此提掖后进,这种高风亮节,令关山月终生感铭不尽。

1983年新春,关山月托人给居住台湾的张大千先生带去荣宝斋的关山月梅花贺年卡,并在贺卡上郑重写道:"祝艺术常青。"未想时隔不到百天,就传来张大千过世的消息。关山月惊闻,悲痛地写下一首悼诗:"凤结敦煌缘,新图两地牵。寿芝天妒美,隔岸哭张爱。"

回忆曾经走过的路,关山月感慨地说:"没有良师益友就没有我。"一路走过来,那些温暖过他的友情,在他心中很重很重!那些给他教诲和支持

我的未来不是梦

的恩师一直为他所敬重，令他铭记心中，终生难忘。他和老师高剑父的情谊是对中华民族尊师重道这一传统美德最好的诠释。

逐梦箴言

一日为师，终生为父。无论我们日后取得怎样辉煌的成就，怎样的青出于蓝，对那些教育我们成长，传授给我们知识技能及做人道理的再造恩师，都应铭记终生。

知识链接

岭南画派

海上画派之后崛起的影响最大的一个画派。创始人为高剑父、高奇峰、陈树人，简称"二高一陈"。它是岭南文化最具特色的祖国优秀文化之一，它和粤剧、广东音乐被称为"岭南三秀"，是中国传统国画中的革命派，中华民族绘画史上的一个重要民族绘画流派。

江南秋色 关山月

■ 他乡遇恩师

　　艺术大师林风眠在法国国立第戎美术学院学习期间,遇到了一位对他
影响深远的异国伯乐——校长耶西斯先生。当时林风眠的才华深得校长
耶西斯的器重。正是这位异国伯乐发现了林风眠,并加以点拨,使林风眠
的艺术之路走向成功。林风眠一直很感激耶西斯校长,所以他常常带着美
好的回忆叙说当年在法国求学的往事。有一次要完成老师布置的写生作
业,他选择罗马柱作为写生对象。罗马柱在欧洲极为普遍,每幢房子上都
有的建筑。但是林风眠却觉得罗马柱很伟大,他十分喜爱罗马柱独特的造
型与丰富的质感。于是,他极为认真地连续画了两幅罗马柱,表现其在不
同视角和光线下的独特感觉。正巧,校长耶西斯来班级视察。看到林风眠
的这两幅作品便很感兴趣,于是找他谈话。耶西斯校长以为林风眠是日本
人,经林风眠自我介绍才知他是来自中国的农民,兼以石匠为副业。因林
风眠法语不够熟练,耶西斯校长误以为林风眠是雕塑家,林风眠便再三解
释,坚持说自己是石匠而非雕塑家,使耶西斯校长对他的诚实真挚更为欣
赏。

　　这位法国"伯乐"后来将林风眠推荐到巴黎高等美术学院深造,进入被
时人誉为"最学院派的画家"柯罗蒙的工作室学习。使年轻的林风眠在法
国的学业更上一个台阶。当时巴黎高等学院的艺术环境是现代的、开放的,
各种艺术流派竞相吐艳。林风眠接触到原汁原味的印象派、野兽派、立体
派等等,他如饥似渴地吸取各种艺术营养。林风眠曾一度沉迷于细致、写

我的未来不是梦

逐
梦
丹
青

实的自然主义学院派画风中，认为自己应多学些中国没有的知识。当时他最喜爱细致写实的画风，到博物馆去也最喜欢看细致写实的画。

耶西斯对优秀又勤奋的林风眠极为欣赏。他专程来看望自己的学生。这位深受现代派和"东方艺术"影响的浮雕艺术家对林风眠提出了严厉而诚恳的忠告："你是一个中国人，你可知道中国的艺术有多么宝贵、多么优秀！你怎么不去好好学习呢？去吧，走出学院的大门，到巴黎各大博物馆去研究学习吧，尤其是东方博物馆、陶瓷博物馆，去学习中国最宝贵而优秀的艺术，否则是一种最大的错误。"他还告诫这位有才华的学生："你要作一个画家就不能光学绘画，美术中的雕塑、陶瓷、木刻、工艺都应该学习。要像蜜蜂一样，从各种花朵中吸取精华，才能酿出甜蜜来。"这促使林风眠迈出艺术道路上最重要的一步：重新发现"东方艺术"的魅力，并关注起现代艺术。从此，巴黎的罗浮宫、东方美术馆、陶瓷博物馆中经常出现林风眠瘦小的身影。就是在这些艺术殿堂里，林风眠啃着面包、拿着画具仔细地临摹，勤奋研究，汲取营养，迅速成长起来。

林风眠后来学成归国时年仅 21 岁，应蔡元培之邀担任北京国立艺专校长，成为全世界最年轻的艺术院校校长，并在当时极负盛名。不久，他再次受蔡元培之邀赴杭州创建杭州艺专并任校长。

林风眠任校长的杭州艺专以培养专门艺术人才，倡导艺术运动，促进社会美育为宗旨。他吸取北京国立艺专的教训，认识到要办好自己的学校，贯彻自己的教学主张，就必须有一群志同道合的同志和优秀的教学队伍，他聘请林文铮、潘天寿、潘玉良等一大批优秀人才到校任教。这所现代教育模式的艺术学院在当时中国现代绘画史上具有举足轻重的地位。在这批艺坛精英的努力下为现代中国培育了无数精英和大师级优秀艺术人才。我们现在所熟知的艺术大师李可染、李苦禅、赵无极等都是从这个学校走出去，走向艺术巅峰的！

可以说，林风眠是整个 20 世纪中国美术界的精神领袖。在中国现代美术史、教育史上，他绝对是一位大师级人物，一位划时代的中国艺术大师。

逐梦箴言

机遇只留给那些勤奋的有心人。

知识链接

印象派绘画

西方绘画史上划时代的艺术流派。19 世纪末达到鼎盛时期,影响遍及欧洲,并在法国取得了最为辉煌的艺术成就,涌现出一大批印象派艺术大师,创作出大量至今仍令人耳熟能详的经典巨制,马奈的《草地上的午餐》、莫奈的《日出·印象》、凡·高的《向日葵》等。当时因克劳德·莫奈的油画《日出·印象》受到一位记者嘲讽而得名。这幅画面描绘的是塞纳河清晨太阳刚刚升起的情景。由于画家要在很短的瞬间,将早晨的美景在光线还没有变化前,就要完成,因此画面不可能描绘的很仔细。学院派的画家们看到这幅作品时,认为很粗糙,过于随便,就用讥讽的语言嘲笑说:那是一群根本就不懂绘画的画家,凭印象胡乱画出来的,这些画家统统都是"印象主义",没想到,这些挖苦的话,反而成全了这批画家,"印象派"随之诞生。

野兽派

是表现主义的一种,得名于 1905 年巴黎的秋季沙龙展览,一批前卫艺术家展出的作品被人形象地称作"一罐颜料掼在公众的面前"。《吉尔·布拉斯》杂志的记者路易·沃塞尔突发灵感,在那个被刺目的色彩弄得喧嚷不已的展厅中央,发现马尔凯所作的一件具有文艺复兴风格的小型铜像,不由得惊叫起来:"多那太罗被关在了野兽笼中!"(多那太罗是意大利文艺复兴时期杰出雕塑家)。很快这一俏皮话便在《吉尔·布拉斯》杂志登出,而"野兽主义"的名称也很快被广泛地认同。翌年,"野兽"倾巢而出,举行一个又一个惊人的展览,且影响巨增,势头高涨。这一初含讽刺意味的名称,也逐渐失去了贬义。野兽派画家热衷于运用鲜艳、浓重的色彩,往往直接从颜料管中挤出颜料,以直率、粗放的笔法,创造强烈的画面效果,充分显示出追求情感表达的表现主义倾向。

我的未来不是梦

■ 艺术至交

画家傅抱石青年时期一个偶然机会,结识了中央大学艺术系教授徐悲鸿。交往中,徐悲鸿对傅抱石的绘画才华及人格极为欣赏。并鼎力推荐使傅抱石获得江西省政府资助,以考察和改良景德镇瓷器名义公派赴日本留学。

留学期间,傅抱石听说郭沫若因"四·一二"政变流亡日本。当年他在江西第一师范任教时曾聆听过郭沫若的报告演讲,并留下深刻印象。他极为佩服郭沫若的才学和人格,于是专程携作品前去拜访。相见之下,郭沫若对他的卓越才华大为赏识,就这样惺惺相惜,二个人在异国他乡结成知已,建立了亦师亦友的深厚情谊。他在史论研究中常向郭沫若请教,而郭沫若在绘画创作上也不时给他以指点。郭沫若在交往中不断发现傅抱石的艺术天分超人,所以惊喜之余,每见其得意画作都欣然为之题咏。当得知傅抱石准备在日本开个人画展,郭沫若非常高兴,极积协调各方给予支持鼓励,并为画展题写展名。可以说郭沫若广博的学识和影响力,为傅抱石在日本的发展提供了很大帮助。

1935 年 6 月 24 日,傅抱石因母亲病逝回国。因为在日本期间与郭沫若的友谊,回到南京后便为郭沫若做秘书。1936 年 7 月,傅抱石在南昌举办回国后第一次个人画展,取得成功后,被徐悲鸿聘到南京中央大学艺术系任教。转年 4 月,郭沫若再次邀请他到其主持的政治部三厅任秘书。这期间傅抱石经常往来于株洲、衡山、衡阳、东安、桂林等地,跟随郭沫若做抗日宣传工作。1940年4月,傅抱石发表重要学术论文《晋顾恺之画云台山记之研究》,并作《云台山图卷》。郭沫若欣然为画作题四绝。1942年3月,傅抱石作《大涤草堂图》,徐悲鸿看到后大为欣赏,为之题词:"元气淋漓,真宰上诉。"同年6月,傅抱石创作《屈子行吟图》。画面上,面容憔悴、形容枯槁的屈原行走于浩淼的烟波之上,仿佛在吟咏,在悲鸣,表达了"百代悲此人,所悲亦自己。中国决不亡,屈子芳无比"的主题。郭沫若看后大为欣赏,称画作和历史剧《屈原》有异曲同工之妙,并欣然为画赋诗,成为一时美谈。八月间,郭沫若再次为傅抱石《屈原》《陶渊明像》《龚半千与费密游诗意》《张鹤野诗意图》等作品题诗。九月,傅抱石在重庆举办个展,郭沫若题诗之画作均在此次个展中展出。

　　1944年9月,傅抱石根据杜甫乐府诗《丽人行》,创名作《丽人行》。这副画作后来1997年嘉德国际拍卖公司以1078万元拍出。当时徐悲鸿见到后,高兴异常,大赞此画:"此乃声色灵肉之大交响"!并题:"抱石先生近作愈恣肆奔放,浑茫浩瀚,造景益变化无极,人物尤文理密察,所谓炉火纯青者非耶?"同一年,傅抱石和郭沫若在昆明共同举办"郭沫若书法、傅抱石国画联展"。1946年10月,傅抱石与徐悲鸿举行画作联展。1947年10月,《傅抱石教授画展》在上海举行,郭沫若于百忙中前往参观,为画展题写"沉浸浓郁,含英咀华"八个大字。后来《傅抱石画集》出版,郭沫若欣然为老朋友作序。在序中,郭沫若提到:"我国绘画,南北有二石。北石即齐白石,南石即傅抱石。"并手书"南石斋"相赠。这本画集精选1942年至1957年间《万竿烟雨》《兰亭图》《丽人行》《平沙落雁》等傅抱石优秀作品四十幅;使傅抱石在中国画坛上奠定了历史地位。

　　徐悲鸿和郭沫若这二位大师级人物对傅抱石的艺术人生起着推波助澜的巨大作用。因为徐悲鸿的大力举荐,傅抱石获得了留学日本的宝贵学习机会。也因此有幸与郭沫若在日本结缘,成为关系密切的师友。在日本,由于郭沫若的影响和支持,傅抱石的画展取得成功,并轰动日本,奠定了他在绘画艺术殿堂的位置。回国后,他的事业一直得到二位朋友的关注。每次画展,二位朋友都大力支持,从事业上扩大了傅抱石的艺术影响力。傅

抱石与二位至友的亲密关系就这样一直延续着。艺术至交,生生不息,不离不弃,相伴辉映艺术人生。

逐梦箴言

真挚的友情,就像一盏明灯,照亮前行的路。

知识链接

顾恺之(348—409)

字长康,小字虎头,汉族,晋代无锡(今江苏无锡)人。博学有才气,工诗赋、书法,尤善绘画。精于人像、佛像、禽兽、山水等,时人称之为三绝:画绝、文绝和痴绝。当时宰相谢安深重之,以为苍生以来未之有。顾恺之与曹不兴、陆探微、张僧繇合称"六朝四大家"。其画作,意在传神,其"迁想妙得""以形写神"等论点,为中国传统绘画发展奠定了基础。顾恺之的作品无真迹传世。流传至今的《女史箴图》《洛神赋图》《列女仁智图》等均为唐宋摹本。

■ 我言君自知，九原勿相昧

20世纪20年代，国画大师齐白石为避战乱，北漂到京寄住法源寺内。刚开始因没有名气，齐白石不被北京画界所接受，只好靠平日卖画刻印，勉强维持生计，生活极其艰辛。

正在齐白石孤单飘零之时，遇到平生知己陈师曾。陈师曾是当时名冠京华的画家、陈寅恪之兄、鲁迅之同窗好友，时任北京高等师范学校国画教师。陈师曾与齐白石的相遇纯属偶然。一天，陈师曾去琉璃厂闲逛，不经意间看到齐白石的印章，大为赞赏，询问之下，便特意赶到法源寺拜访。结果两人一见如故，"晤谈之下，即成莫逆。"当时，齐白石取出画作《借山图卷》让陈师曾鉴定。陈师曾赞其画格乃高，同时不避讳地指出不甚精湛之处，并题诗："曩于刻印知齐君，今复见画如篆文。束纸丛蚕写行脚，脚底山川生乱云。齐君印工而画拙，皆有妙处难区分。但恐世人不识画，能似不能非所闻。正如论书喜姿媚，无怪退之讥右军。画吾自画自合古，何必低首求同群。"齐白石将他与陈师曾结交，视为一生可纪念的事。也赋诗一首，赞陈师曾居住的"槐堂"："槐堂六月爽如秋，四壁嘉陵可卧游。尘世几能逢此地，出京焉得不回头。"齐白石后来回忆说："我那时的画，学的是八大山人冷逸的一路，不为北京人所喜爱，除陈师曾之外，懂得我画的人，简直绝无仅有。"

1922年春，陈师曾参加东京举办的中日联合绘画展览会，带去齐白石的几幅花卉山水。没想到这些作品在展出时不仅全部售出，而且卖价颇高。

一幅花卉卖到 100 银圆;一幅二尺长的山水竟卖了 250 银圆。日本人还专门为此拍摄纪录片,在东京艺术院放映,轰动一时。不仅如此,更有法国人买走他们的画作,准备参加巴黎展览会。消息传来,齐白石大喜,乘兴赋诗:"曾点胭脂作杏花,百金尺纸众争夸。平生羞杀传名姓,海国都知老画家。"

从此,齐白石名声大起来,艺术渐入佳境。常有外国人来琉璃厂寻购其画作。国内画商也看准商机,纷纷收购其作品去做投机生意。京城上流社会附庸风雅者更来登门求画,大加赞誉。琉璃厂那些嗅觉敏锐的古董商自然也不会放过这个千载难缝的赚钱机会,一时间京城纸贵。让齐白石竟有"一身画债终难了,晨起挥毫夜睡迟"的烦恼。尽管如此,寄人篱下的清贫生活毕竟得以改变。齐白石后来曾回忆:"我的卖画生涯,一天比一天兴盛起来。这都是师曾提拔我的一番厚意,我是永远忘不了他的。"

陈师曾、齐白石两人的结识,是中国国画的幸事。但不幸的是,陈师曾不久身患重病逝世,年仅 48 岁。陈师曾英年早逝,让齐白石很受打击。看到陈师曾赠与的画扇,睹物思人,他悲起心中写下《师曾亡后,得其画扇,题诗哭之》:"一只乌白色犹鲜,尺纸能售价百千。君我有才招世忌,谁知天亦厄君年。"齐白石写给陈师曾的悼诗多有令人肝肠寸裂之作:《见师曾画,题句哭之》:"哭君归去太匆忙,朋友寥寥心益伤。安得故人今日在,尊前拔剑杀齐璜。"更有饱含深情之作纪念这位才高命薄的朋友:"君我两个人,结交重相畏。胸中俱能事,不以皮毛贵。牛鬼与蛇神,常从腕底会。君无我不进,我无君则退。我言君自知,九原勿相昧。"惺惺相惜,天人相望,知遇之恩,不敢言忘!对于陈师曾,齐白石从心里感激并且终生难忘。

人生得一知己足矣!陈师曾不仅是齐白石的益友,还是畏友。早在二人相见之初,陈师曾便在《借山图卷》上题诗,劝其"画吾自画自合古,何必低首求同群"。他对齐白石的绘画从来都是严格审度,有不满意之处,便立即讲出自己的看法。虽然陈师曾学的是西画,但对中国画的造诣也十分了得。他凭慧眼和法眼看出齐白石有天纵之才,若打破定式,往大写意方向发展,成就未可估量。正是陈师曾劝其"自出新意,变通画法",才让齐白石勇于变法,几经琢磨,霍然悟出"大笔墨之画难得形似,纤细笔墨之画难得

传神"，"作画妙在似与不似之间"。"书画之事不要满足一时成就，要一变百变，才能独具一格"。正唯此，齐白石最终自创红花墨叶现代国画派。

当时的北平画坛，死气沉沉，以摹仿古人为能事，保守势力相当顽固。画国画的瞧不起西画，画西画的瞧不起国画，进步的或稍有创造性的美术家就受到迫害排斥，美术界内部互相倾轧，彼此排挤。木匠出身的齐白石大胆创新，变革画法，引起了艺术大师徐悲鸿的注意。

1926年，徐悲鸿在北京艺专任校长，想请齐白石到艺专任教，结果校内一群国画教师强烈反对，说什么大学校门请一位山野村夫任教授有辱斯文，并说齐白石从前门进校，他们就从后门出去。但是，徐悲鸿最终力排众议，因为他极欣赏齐白石的才华和勇气。他乘坐四轮马车来到齐家，请齐白石出山。齐白石为其诚心而感动："我一个星塘老屋拿斧子的木匠，怎敢到高等学府当教授呢？"徐悲鸿诚恳地说："齐先生岂止能教授我徐悲鸿的学生，也能教我徐悲鸿本人啊！""我徐某就要借重您这把斧子，来砍砍北平画坛上的枯枝朽木！"在徐悲鸿的诚恳邀请下，齐白石应邀到北平艺专任教。

齐白石进行衰年变法，得到徐悲鸿大力支持和赞成。齐白石在《答徐悲鸿并题画江南》诗中写道："我法何辞万口骂，江南倾胆独徐君。谓我心手出怪异，鬼神使之非人能。"可见徐悲鸿对他的评价是非常之高的。在京城，他们曾多次合作，一起大幅大幅地泼墨渲染，画完后相对莞尔一笑，仿佛宇宙之大，惟存君我二人。可谓艺术至交。因有陈师曾和徐悲鸿这样当世无双的国手在一旁大力鼓舞，齐白石衰年变法自然底气十足，信心倍增。

逐梦箴言

真正的朋友不必太多。人生得一知已便可足矣！若得到二位则堪称人生幸事。

知识链接

大写意

　　南宋出现写意画大家梁楷,开启写意人物画的先河,北宋山水画出现了富有诗情画意和文人情趣的米芾、米友仁的山水小景,丰富了中国山水画的笔墨,揭开了写意山水的序幕。徐渭在水墨大写意花卉画方面创造性的贡献尤为突出。明以后,这种写意的美学主张已逐渐发展成为绘画史上的大写意画派。

涂渭大写意花鸟

■ 刘蔡师友之交

一代艺术大师刘海粟，原名槃，字季芳，号海翁。1896 年 3 月生于江苏常州。擅长油画、国画、美术教育。刘海粟一生都敬仰蔡元培，因为在他高举新兴美术大旗，在拓荒者道路上艰难爬行的进程中，在他被世人唾骂为"艺术叛徒"时，蔡元培给予他精神上最大的激励和支持。他曾在给蔡元培的一封信中写道："尝自傲生平无师，惟公是我师矣，故敬仰之诚，无时或移"。他还多次对朋友说过"世无蔡元培，便无刘海粟"。

因为一直与蔡元培神交却未曾谋面。1921 年深秋，刘海粟给蔡元培写了封信，希望到北京去画些北国风光，及面聆蔡元培先生的教海。蔡元培对这位艺术革新派的后起之秀非常欣赏，于是回信邀请他到北大画法研究会讲学，给他定的讲题是《欧洲近代艺术思潮》。刘海粟接到信后便认真地准备讲稿，并于 12 月乘火车北上京城，这是他首次进京，也是首次见到蔡元培。蔡元培谦和博大的胸怀，对年轻人的关爱和信任，给刘海粟留下深刻美好的印象。在北京，蔡元培介绍刘海粟结识了许多进步优秀人士，如李大钊、胡适、梁启超、徐志摩、陈独秀等。又把他安排在北京美专教师宿舍居住，让他有机会结识蜚声北国画坛的陈师曾、李毅士、吴法鼎等，并一起讨论文艺思想，评说中外名作，建立了深厚的友情。刘海粟还每天坚持外出写生，创作了《前门》《长城》《天坛》《雍和宫》《北海》《古柏》等三十余幅画作。蔡元培看到他的画后，高兴地讲准备为他举办个展。这时有人在蔡元培面前说刘海粟的坏话，讲刘海粟的画不行；但是蔡元培非常相信自己

的眼光,亲自撰写《介绍画家刘海粟》一文,作为画展序言,并发表在《新社会报》和《东方杂志》上。

蔡元培在刘海粟的人生艺术道路上,起了举足轻重的作用。刘海粟之所以能成为一代艺术宗师、中国新兴美术的奠基人,与蔡元培的支持和提携是分不开的。其中最为重要的是他帮助刘海粟到欧洲考察艺术,并促成刘海粟柏林中国画展的举办。这两件事对刘海粟的艺术人生可谓是转折和升华。

1929 年,在蔡元培的帮助下,刘海粟以驻欧特约著作员的身份到欧洲考察美术。在欧洲两年多,刘海粟游历了意大利、德国、比利时、瑞士等国家的名胜古迹,观赏了希腊罗马文艺复兴以后的杰作,创作油画风景、人物写生近三百幅;他还到罗浮宫临摹塞尚、德拉克洛瓦、伦勃朗等艺术大师的传世名画。作品两次入选法国秋季沙龙。第一次入选秋季沙龙的作品《北京前门》,是他 27 岁时在国内所画,当时仅凭藉对西画间接的了解,就能很到位地把握其技巧和神韵,天分着实过人。他还应邀到德国法兰克福大学中国学院演讲中国画,并举办个人国画展览。这期间,他曾与毕加索、马蒂斯等画家交游论艺。后来,巴黎美术学院院长贝纳尔又在巴黎克莱蒙画院为他举办了个人画展,展出其在法国、瑞士、比利时、意大利、德国所画四十幅作品,其中《卢森堡之雪》当即为法国政府购藏于特亦巴尔国家美术馆。1932 年 10 月,"刘海粟旅欧作品展览会"在上海、南京举行。每到一处展期为 16 天,参观者达十万余人,可谓盛况空前。1933 年秋,刘海粟第二次赴欧,在德国普鲁士美术院演讲《中国画派之变迁》,在柏林大学东方语言学校演讲《何谓气韵》,在汉堡美术院演讲《中国画家之思想与生活》、在荷兰阿姆斯特丹演讲《中国画之精神要素》、在杜塞尔多克美术院演讲《中国画与诗书》,广泛地将我国传统艺术在欧洲进行宣传和弘扬。两次旅欧,刘海粟的足迹遍及整个欧洲,获得了空前的声望和荣誉。

蔡元培不仅是刘海粟的恩师,还是艺术知音。在刘海粟的藏画中,有很多蔡元培的题跋。对于蔡元培的无私提携,刘海粟心中充满感激。蔡元培去世后,刘海粟在美专设立了"蔡孑民先生纪念奖学金",还建立了"蔡孑

民美术图书馆",以纪念这位恩重如山的恩师和挚友!

逐梦箴言

在成功中朋友认识了我们,而在逆境中我们认识了朋友。真正在逆境中肯于扶持和相助的人并不多,所以说,万两黄金容易得,知己一个最难求。

知识链接

保罗□塞尚 (1839—1906)

法国著名画家,后期印象派的主将,19 世纪末被推为"新艺术之父",作为现代艺术的先驱,西方现代画家称他为"现代艺术之父"或"现代绘画之父"。他对物体体积感的追求和表现,为"立体派"开启了不少思路,以其独特的主观色彩区别于强调客观色彩感觉的大部分画家。

欧仁□德拉克罗瓦 (1798—1863)

法国著名画家,曾师从法国著名的古典主义画派画家雅克·路易·大卫学习绘画,受到同时代画家席里柯的影响,热心发展色彩的作用,成为浪漫主义画派的典型代表。他的画作对后期崛起的印象派画家和凡·高的画风有很大的影响。代表作《自由引导人民》《十字军占领君士坦丁堡》《西奥岛的屠杀》《但丁之舟》

伦勃朗□哈尔曼松 (1606—1669)

欧洲 17 世纪最伟大的画家之一,也是荷兰历史上最伟大的画家。伦勃朗早年师从拉斯特曼,其画作体裁广泛,擅长肖像画、风景画、风俗画、宗教画、历史画等。代表作《木匠家庭》《以马忤斯的晚餐》,

我的未来不是梦

● 智慧心语 ●

世有伯乐，然后有千里马。

——韩愈

君有奇才我不贫。

——郑板桥

世界上没有比友谊更美好，更令人愉快的东西了。没有友谊，世界仿佛失去了太阳。

——西塞罗

只要你告诉我，你交的是些什么样的人，我就能说出，你是什么人。

——歌德

人需要一位指导关心自己的导师。

——福柯

第六章

自学成材　逐梦丹青
成功缘于自我兴趣和潜能的
不断发掘和完善

好鹤图　黄永玉

逐梦丹青

○导读○

　　成功的道路有很多,拜名师学艺固然可取,但也有一些自学成才的大家,他们的成功引人深思。总之,只要有一颗热爱艺术的心,只要肯付出心血和努力,是金子总会发光的,天才总会有成功的那一天,成功总会垂青有志之人。

吴昌硕花鸟画

■ "多画而已"吴昌硕

大画家吴昌硕,初名俊、俊卿,字昌硕、仓石,别号众多,以缶庐最为著名。是晚清著名画家、书法家、篆刻家,与虚谷、蒲华、任伯年齐名为"清末海派四杰","后海派"的代表。他最擅长写意花卉,深受徐渭和八大山人影响。他书法、篆刻功底深厚,并把书法、篆刻的行笔、运刀及章法、体势融入绘画,形成了富有金石味的独特画风。

吴昌硕清道光二十四年(1844)8月1日生于浙江省安吉鄣吴村一个读书人家。鄣吴村是一个峰峦环抱、竹木葱茏的山村,风光清幽,景色怡人。吴昌硕就在个小山村中度过他的美丽童年。他打小求知欲便极强,且好学不辍。起初跟着父亲念书,后来到邻村私塾中去就读。每天来往十多里翻山越岭,却从来风雨无阻。10多岁时他喜欢上刻印,常常磨石刀,父亲见他乐于此道,便加以指引。17岁那年,太平军从安徽直指浙西,清军尾随而来,杀人放火,奸淫掳掠,无恶不做,百姓不堪蹂躏,四处逃亡。吴昌硕和家人不得不颠沛流离,弟和妹先后死于逃荒中。后来他又与家人失散,独自到处逃难流浪,吃尽千辛万苦,有时为挣口饭吃常替人家做短工、打杂差,饿急了还常用树皮草根充饥。就这样他在湖北、安徽等地流亡达五年之久,21岁那年他终于回到家乡,开始与老父相依为命,躬耕度日。

吴昌硕于耕作之余苦读不辍,同时钻研篆刻书法。当时家里藏书不多,为满足自己求知欲望,他常千方百计去找更多的书来读。有时为借一本书要来回行数十里路,也不以为苦。借到了书,就废寝忘食地学习,反复

研读。他常边读书边做笔记,遇到疑难还四处请教。他非常珍爱书藉,直到晚年,看到一些残编,他还设法加以收集和补订,慎重地保存。他极爱钻研与篆刻、书法有关的学问。他虽喜欢读书,却对八股文了无兴趣,认为那不过是做官的"敲门砖"。所以22岁那年,在县里学官的迫促下,他勉强去应了一次试,不想却中了个秀才,但他依然无意考场。到了53三岁,他被举为江苏安东(今涟水县)县令,可是因不习惯做官,不喜逢迎、更不愿鞭挞百姓,所以只任官一个月,便毅然辞职,自刻"一月安东令"印记之。从此他远离官场,专心从事艺术研究。同治十一年(1872),26岁的他在安吉城完婚。婚后不久,便远离家乡,四处寻师访友。直到光绪八年(1882),才把家眷接到苏州定居。当时他常来往于江浙之间,阅尽历代金石碑拓、玺印、字画,眼界大开。

29岁那年,吴昌硕在人文荟萃的杭州、苏州、上海等地寻师访友,结识了苏州知名书法家杨藐翁。杨藐翁工八分书,于汉碑能遗貌取神,著笔欲飞,而古茂之气溢于纸墨。亦博学多闻,对经学有精湛研究,所作诗文简练凝重,且为人耿直,不入流俗。吴昌硕深为敬佩,遂诚意备函要求拜师门下。却被杨藐翁复信婉谢,表示愿以换帖弟兄相称。言"师生尊而不亲,弟兄则尤亲矣。一言为定,白首如新"。尽管如此,吴昌硕仍以师尊之礼相待,在所作诗篇中常以"藐翁吾先师"称,足见其尊师重道的热忱。

由于吴昌硕待人诚恳,求知若渴,虚怀若谷,艺术界知名人士都愿与他交往,尤以任伯年、张子祥、胡公寿、蒲作英等人交谊甚笃。同时他又从知名收藏家郑盦、吴平斋等处观赏到不少古代青铜器,通称彝器。青铜器不是历代都有的!彝器文物和名人书画真迹,临摹研究,经年累月,孜孜不倦,既扩大了视野,又开拓了胸襟,学术修养和技艺都得到很大提高。

吴昌硕早年学习刻印,初师浙派,后融合浙皖两派之长,参诸家之法,而归其本于秦汉,发扬秦汉"胆敢独造"精神,深得纯朴浑厚之法;既融会前人法度,又善于变化。他还常与篆刻家叶为铭、丁仁、吴金培等聚于杭州西湖人倚楼,探讨篆刻治印艺术。后来被推为西泠印社首任社长。

他于书法最重临摹《石鼓》文字,并倾毕生精力于此。其草书笔法,凝

炼遒劲，气度恢弘。隶书、行书多以篆法出之，古茂流畅。偶作正楷，亦挺拔严毅，一笔不苟，尤见功力。

吴昌硕 30 多岁时始涉绘画，苦无师承，便经友人介绍求教于任伯年。任伯年要他作幅画看看。他说："我还没学过，怎么画呢？"任伯年道："你随便画上几笔就可。"于是他随意画了几笔，任伯年见他落笔用墨浑厚挺拔，不同凡响，兴奋之际拍案叫绝："你将来在绘画上一定会有大成就。"吴昌硕听了以为开玩笑。任伯年却正儿八经地道："即使现在看起来，你的笔墨已经远胜于我。"就这样两人成为至交，保持着亦师亦友的情谊。

从此，吴昌硕对作画便信心大增。他依据平日细心观察、积累起来的生活经验，加上刻苦学习，绘画作品不断精进出新。他对青藤（徐渭）、雪个、清湘诸大家极为推崇，每见其手迹必悉心临摹，吸取精华，熔合晚清各家长处于一炉，然后遗貌取神，以高度简练概括的笔墨来表现深邃的意境，抒发丰富的思想感情。画作笔恣墨纵，不拘成法，外貌粗疏而内蕴浑厚，虚实相生，能纵能收，疏可走马，密不容针，真正如其所云"大处着眼，小心收拾"。

1912 年，吴昌硕定居上海，同时诗、书、画、印技艺并进，成为第二代海派书画代表人物。初到上海他同画家张子祥合租房屋，那房间小得连阳光也很少照到；里面摆上两张床和一张画桌就塞得满满，人在里面回旋余地都没有。后来吴昌硕搬到北山西路吉庆里一幢普通的"弄堂房子"，许多朋友认为住在那里与他身份太不相称，劝他另觅新居，迁往沪西高级住宅区去；或者自己造座花园洋房，以娱晚景。当时吴昌硕确有住花园洋房的能力，可他却莞尔一笑："我有这样的楼房住，已经心满意足了。"自小养成的艰苦朴素的生活习惯，使他对生活的要求向来十分简单，对物力更是非常珍惜。

这一年海派书画发生重大转折。上海汇集了帝师太傅、大学士、尚书、总督、巡抚等大批前清高官，其中代表人物有陈宝琛、沈曾植、陈三立、朱祖谋、康有为、曾熙、李瑞清等。这些高官名宦、博学鸿儒在上海完成了从封建末代官吏到近代书画家的华丽转身。他们是名流，不同于任伯年、蒲华、虚谷那样的民间画家，他们的出现大大带动了海派书画市场行情。作为海

派代表人物的吴昌硕于是重修润格:堂匾三十两;楹联三尺六两、八尺八两;横直整幅三尺十八两,四尺三十两,山水视花卉例加三倍;刻字每字四两(每两为银圆1圆4角)。当时北大校长蔡元培每月收入为600银圆,而吴昌硕的书画收入远远超过这个数字!

自学成才的吴昌硕倾毕生精力,专心从事艺术研究和创作,数十年如一日,勤奋不怠。他身材不高,面颊丰盈,细目,疏髯。年过七十时仍鬓发不白,看去不过四五十岁。他每天早起梳洗过后,先对着书桌静坐片刻,把当天要做的事情理顺好,再进早餐。有时灵感所至,不及进餐便立即创作。他于作画前常先行构思,时而端坐沉思,时而踱步闲庭,及至酝酿成熟,整幅画面在心中涌现,才凝神静气挥毫泼墨,一气呵成。然后十分仔细地对局部收拾,是为小心经营,常见他提笔凝视沉思,笔头颤动,却很久不着一笔。他曾说:"奔放处要不离法度,细微处要照顾到气魄。"每当一幅画作好,他便挂在墙壁上反复观赏,并请朋友品评。对别人的意见,他一向虚心听取,慎重考量,及着手改到满意,才肯题款、用印。否则,他便断然弃之,毫不顾惜。

吴昌硕晚年虽在书画上有很高造诣,却毫无骄矜。常听他说:"我学画太迟,根柢不深,天资也不高,仅做到多看、多画而已。"并谦虚地自评:"学画未精书更劣,似雪苔纸拼涂鸦。"

直到80岁高年,吴昌硕还视读书、刻印、写字、绘画和吟诗为日课,乐之不疲。并在一首题画诗中所述:"东涂西抹鬓成丝,深夜挑灯读《楚辞》;风叶雨花随意写,申江潮满月明时。"古人常用"铁砚磨穿"来形容一个人为学的勤奋,吴昌硕晚年便曾把友人所送虞山砂石砚池磨穿一个小孔,足见其创作之勤奋。

吴昌硕晚年篆刻、书法、绘画三艺精绝,名振海内外,公推为艺坛泰斗及"后海派"艺术开山代表、近代中国艺坛承前启后的一代巨匠。有《缶庐集》《缶庐诗存》《缶庐印存》及书画集多种刊行。成为中国近代杰出的艺术家,当时公认的上海画坛、印坛领袖,名满天下。

逐梦箴言

　　艺术是灵魂的表达方式，人们用艺术表达自己的情感与希望，传递一种思想。艺术存在于生活中，用最质朴淡定的心态来做好生活中的每一件事，就是在用心追求艺术。只要我们用心，就能找到一条到达成功的途径。

　　很多人看不到成功，不知道成功在哪里，在多远的地方。其实成功一直在等待着我们，在山的那头，在海的那头，在苦难的尽头！相信有一天，一定会苦尽甘来，品尝到成功的果实。

知识链接

海上画派

　　国画画派之一，又称"海派""沪派"，19世纪中叶，至20世纪初期，一群画家活跃于上海地区从事绘画创作。代表画家有虚谷、任熊、任薰、任颐（伯年）、吴昌硕等人。

我的未来不是梦

四合院里走出的一代大师

一代艺术大师和美术教育家潘天寿，1897 年出生在浙江宁海北乡冠庄村一个小小的四合院里。潘天寿自童年到考入浙江省立第一师范的十几年岁月里，都在这里度过。他是从小四合院里走出去的一代国画大师。

1903 年，潘天寿在村中私塾学习时，便表现出极强的绘画天赋。他常拿纸片描画一些山水花草，还描摹《三国演义》《水浒》中的绣像送给小伙伴，他最后描到上瘾，连乡里祠堂墙壁门窗上的彩绘人物、山水、花鸟，都一一加以描摹。元宵灯会和清明时节的灯笼、风筝、纸幡更是他描摹的好对象。不断的描摹使他对绘画兴趣日益浓厚。

1910 年春天，潘天寿进入县城小学读书，开始接受西式教育。当时学校开设图画课，他终于可以全身心地发展兴趣爱好。那时他经常光顾纸店，买些便宜的土纸，同时也爱翻看那里出售的字帖和画谱。因为喜欢，他买过《瘗鹤铭》和《玄秘塔》字帖，朝夕临摹，勤学苦练。后来他在一位教师那里得知有一本叫《芥子园画谱》的书，是学画之启蒙摹本，就省吃俭用凑足钱购得一套。《芥子园画谱》为他展现了一个全新的天地，让他懂得了中国画原来有如此复杂的技法，繁多的分科和玄奥的画理，画画原来并不是一件轻松简单的事！

后来他有机会看到唐寅、仇英、郑板桥等古人画作，体会到了《芥子园画谱》中所没有的笔墨气韵。一次，他看到严晓江老先生以手指蘸墨作画，于是受启发开始学习指画，后来竟取得很高造诣。

　　1915年秋,潘天寿考取浙江省立第一师范。他用刀镂刻这样一副对联"种菽粟于砚田收成有日,怀奇珍于文席待聘以时",以舒抱负。在第一师范求学的四年中,他常为同学作画,其中《枇杷图》《紫藤白头翁》等画均展现了他卓越的绘画才华。

　　1923年潘天寿浙江省立第一师范毕业,到上海几所学校教绘画课,后来被上海美专聘为教授。直到1928年春,他一直从事绘画教学,并在教书之余刻苦研学绘画、书法、诗词、篆刻。还经常临摹民间古旧书画,钻研画论。当时的上海人文荟萃,名家众多。"西泠印社"首任社长吴昌硕便住在上海北山西路。潘天寿对吴昌硕仰慕已久,一天在友人陪同下登门拜访。看到吴老丝毫没有大画家的架子,潘天寿便打消顾虑,取出自己画作,毕恭毕敬递给吴老:"学生自学绘画,水平不高,请先生指点。"吴老已80高龄,画境臻至炉火纯青。当时他很认真地看潘天寿的作品,看得潘天寿直冒汗。吴老看毕,双目闪亮,赞扬道:"你画得好,落笔不凡,格调不低,有自己的面目。阿寿,你要好好努力。"吴老亲切地叫他"阿寿",从此潘天授改名"潘天寿",画作多用"阿寿"、"寿者"题签。

　　潘天寿与吴昌硕至此情谊甚笃,结下"忘年交"。吴老看潘天寿的书画,往往只说好而不妄加评论。一次,吴老看完画,不禁神色飞动,伏案挥毫,写就一幅篆书对联:"天惊地怪见落笔,巷语街谈总入诗。"潘天寿十分珍爱地把对联悬于书斋,可是抗战时这幅对联连同家产遭毁,使他痛惜万分。吴昌硕对潘天寿格外器重,一次特地画了幅五尺大中堂赠潘天寿,让儿媳代转。结果儿媳因为喜欢将画扣下。吴老知道后很生气,并重画一幅相赠。潘天寿因常有机会观赏吴老画作,耳濡目染,画艺大进。一次,他挟一张自认为不错的山水画拜访吴老。吴老仍和往常一样未给任何评语,却在第二天转来一首长诗,内中三句:"只恐荆棘丛中行太速,一跌须防堕深谷,寿乎寿乎悉尔独。"潘天寿看了先是有些沮丧,但冷静后反省吴老给予的警示,感到惟有真正将身心投入传统的深髓,才能体味到艺术的幽深玄奥,才能成熟,获得成功。

　　潘天寿在上海五年,一心浸润在吴派风格里,在笔墨、构图、意境各方

面对吴派风格加以揣摩,画风迅速转向蕴藉与含蓄多变。他在实践中独立自省,形成独特的风格,选择了属于自己的艺术发展道路。他的绘画学吴不泥吴,吴昌硕感叹地说:"阿寿学我最像,跳开去又离我最远,大器也。"吴昌硕的特别器重,给了潘天寿无比的信心。

1928年初春,潘天寿应邀担任杭州国立西湖艺术院中国画主任教授,迁居杭州。是年冬发生的一件事对他影响深刻。一天晚上,他与王一亭(画家)、刘海粟(杭艺校长)在名医徐小圃家宴请日本画家桥本关雪。听桥本关雪谈:"南画创于中华。可惜我不是中国人,不在中华长大,对各地名胜古迹观光机会不多,每隔一二年便来旅行写生一次,以弥补缺陷、增强修养。"潘天寿闻听感触极深,回来途中对刘海粟说:"我们生在中华真是三生有幸。桥本很用功,一心想继承我国南宋诸家的神韵,可惜感情欠深沉,下笔仍是岛国人本色,作品回味不多。我们要奋力笔耕,不能让东邻画家跑到我们前面去啊! "

从此他更加勤奋地研究绘画和创作,先后在上海、南京、苏州、杭州、重庆等地举办画展,甚获好评。他还参加艺专组织的访日美术教育参观团,考察东京美术学校、帝国绘画馆、博物馆等,了解日本艺术教育情况。1933年,他的作品被选参加徐悲鸿在法国巴黎主持的"中国近代绘画展览",获得好评。

1937年10月,日军进逼杭州,潘天寿随艺专向后方撤退,开始了八年流离的生活。八年里,他在恶劣环境下仍坚持艺术创作,编写研究整理著作,还先后在南京、重庆办画展,取得了卓著成就。

建国后,美院回迁杭州。潘天寿以极大的热情投入学校教研及创作中。可随之而来的国画改革,使极左思潮在美院占了主导地位,他的艺术思想也被批判是封建社会剥削阶级的腐朽思想,玩弄笔墨趣味,对革命斗争抱旁观态度。浙江美院绘画系"中国画"也由"彩墨画"代替,对传统绘画的忽视和鄙薄充斥美院。潘天寿和一些老教授被排斥在教学之外,负责在学校整理民族艺术遗产。那个年代古字画市场价格极其低廉,潘天寿便和老教授们经常光顾字画市场,为学校购藏了许多有价值的艺术品。这些艺术品

后来成为浙江美院传统绘画临摹的重要参照。

外界环境没有影响潘天寿对中国画改革和创新的思考，他继续在花鸟和山水领域探索，觉得专师古人技法不够，应在题材内容上寻求突破，要深入生活。于是他赴浙江雁荡山写生。雁荡山之奇特激发了他的创作灵感。回来后，他创作了《灵岩涧一角》《梅雨初晴》《小龙湫一截》等。尤其是《灵岩涧一角》，潘天寿用山水花卉结合的方式创作，让人耳目一新。这幅画成为他艺术道路上的里程碑，使他的艺术跃上新高峰。《灵岩涧一角》广受好评后，潘天寿等老画家的处境也渐有好转。传统文化再度受到重视。潘天寿在国画艺术研究上一贯坚持民族传统，受到大家肯定和赞扬。因其在画界的威望和成就，被任命为中央美术学院华东分院副院长、浙江美协主任，继而又被聘为苏联艺术科学院名誉院士，补选为全国人大代表。

在全国掀起"大跃进运动"时期，艺校师生也下乡大炼钢铁。潘天寿虽然忧心，但还是静下来努力创作。这一时期，他创作近200幅画，比新中国成立以来创作作品的总数还要多。1962年后，他两次在北京举办画展，又在上海、杭州和宁海展出，均获得空前成功。1964年，"潘天寿画展"在香港成功展出。在港方请求下，有30件作品展览结束可以出售，其中有一些大画。由于潘天寿没有定价，本人也未随展赴港，最后收到的钱很少，但他还是上交给国家。同年，他以全国人大代表身份回到家乡宁海视察，受到热烈欢迎。在家乡天明山南溪温泉疗养所，他赋诗道："踪迹十年未有闲，喜今便得故乡还。温泉新水宜清浴，重看秋花艳满山。"如今这首诗已被镌刻在石碑上，伫立在青山绿水之间，代表着家乡对这位大师的无限纪念。

不久便爆发了"文化大革命"，潘天寿成了浙江美院第一批被揪斗的对象，他被诬为"反动学术权威"、"文化特务"以及"国民党特别党员"，关进牛棚监禁。经后长达三年的时间里，他被造反派们一次次揪斗、陪斗、游街、示众。虽然自己受了很多苦，可他忧心的却还是国家和人民的命运！他痛苦地说文革是一场灾难，并忧思重重："人总是有这么一天的，年纪大了的人倒无所谓，担心的是国家和年轻人。国家的损失无法估计，年轻人失去了宝贵的青春，永远无法补救。"潘天寿夫人何愔，是潘天寿的学生。三十

我的未来不是梦

年代两人在艺术殿堂相恋结婚,喜宴上,曾有朋友口占一联:"有水有田兼有米,添人添口又添丁",将二人姓氏入联并赋予吉祥之意。从此夫妇俩数十年相濡以沫,同甘共苦。随着潘天寿被关"牛棚",何愔也被迫每天早晨在寒风中清扫街道。他们的家被抄得底朝天,"革命干将们"拉走的书画文稿就有六七车,连笔墨纸砚也抄了去。潘天寿作品被列入黑画名单,造反派们在上面打上各种标记,踩上一个个鞋印。这些罪恶的印记从此洗刷不掉,成为那段历史的永久物证。

在残酷的折磨打击下,潘天寿身体垮了。1969 年他被押到家乡宁海游斗。五年前,他以全国人大代表的身份来家乡视察曾受到热烈欢迎,可这次家乡人却往他身上吐口水,倒脏菜叶,扔垃圾,使他的精神受到最大打击。游斗后回杭途中,他捡起一张香烟纸,心情悲愤地在上面写下了人生中最后一首诗:"莫嫌笼狭窄,心如天地宽。是非在罗织,今古有沉冤。"回到杭州,他便病情加剧,进了医院。悲痛万分的何愔在丈夫病床边日夜护理。1971 年 5 月,专案组向重病在床的潘天寿宣读将其定案为"反动学术权威",为敌我矛盾。潘天寿气愤至极,当晚大量尿血,昏迷不醒。由于未得到好的治疗,致使病情一天天恶化,9 月 5 日黎明,一代国画大师潘天寿在冷寂的黑夜中溘然长逝,痛苦地走完了人生中的最后岁月,终年 74 岁。粉碎"四人帮"的第二年,中共浙江省委宣布为潘天寿平反昭雪。

潘天寿精于写意花鸟和山水,偶作人物。尤善画鹰、八哥、蔬果及松、梅等。他的指画数量多,气魄大,如《晴霞》《朱荷》《新放》等,均为"映日荷花",以泼墨指染,以掌抹作荷叶,以指尖勾线,气韵生动,真正别具一格。潘天寿作画,取诸家之长,成自家之体,他的画皆为平凡题材,但经他入手成画,却能生出不平凡的艺术感染力。他常说,"荒山乱石,幽草闲花,虽无特殊,慧心妙手者得之尽成极品。"他对诗书画印无所不精,对画史、画论的研究也很深入,著有《中国绘画史》、《顾恺之》、《听天阁诗存》、《治印丛谈》并辑有《听天阁画谈随笔》等。

潘天寿一生勤于创作,各时期均有大量画作。但由于遭过两次劫难的缘故,现存世作品极少。前期作品,因抗战逃难,留存杭州家中的画作全部

遭损。杭州沦陷时，有人还在卖油条的小摊上见到摊主将有潘天寿笔墨的宣纸裁作包装。1997 年出版《潘天寿书画集》曾收录 1937 年以前作品 90 幅，皆为潘天寿晚年收回来的流散在外作品。潘天寿在杭州国立西湖艺术院 10 年和上海美专 5 年作画非常勤奋，一天要画一刀纸，画作甚丰，但现今存世却未及十分之一。第二次劫难是"文革"，造反派从潘天寿家先后拉走七八车画作，其中未装裱的国画，约四五百幅。由于抄家时未清点，后来归还时只剩约 200 幅。文革中潘天寿写的大字报也被人悄悄揭走作为收藏。即使遭批斗时，他的字画依然走俏。据估计潘天寿存世作品在 1000 至 1500 幅之间。20 世纪 80 年代，一位外宾曾欲以 30 万美元购潘天寿的一幅大画未成功。其作品《春塘水暖图》被嘉德拍至 660 万元；《松鹰》以 880 万元成交。如此高的拍价缘于其作品艺术性高，而且绝大多数为美术馆、纪念馆收藏，市场上极为少见。

1984 年，文化部主办"二十世纪五大画家（吴昌硕、齐白石、潘天寿、陈之佛、傅抱石）巡回展"，先后在巴黎、伦敦、纽约等海外五大城市展出，好评如潮，轰动世界。同年，潘天寿的遗属向文化部捐献潘天寿书画作品 120 件，实现了潘天寿"我的画将来要捐献给国家"的心愿。

可以说，潘天寿是位自学成才的绘画大师。他一生从事国画教学，为中国美术教育事业的发展作出了卓越贡献。他是近代中国画史上继吴昌硕、齐白石之后的又一艺术大师，在海内外有很高的声望。

我的未来不是梦

逐梦箴言

　　艺术人生纵有百苦,勇敢者也会不辞万苦而为之。只要朝着正确的方向前进,终有到达彼岸的时候。一颗高尚的心,何惧生前身后名!

知识链接

唐寅(1470—1523)

　　字伯虎,一字子畏,号六如居士、桃花庵主、鲁国唐生等,于明宪宗成化六年庚寅年寅月寅日寅时生,故名唐寅。今江苏苏州人。玩世不恭又才气横溢,诗文与祝允明、文徵明、徐祯卿并称"江南四才子",画名更著,与沈周、文徵明、仇英并称"吴门四家"。有《骑驴思归图》《山路松声图》《事茗图》《王蜀宫妓图》《李端端落籍图》《秋风纨扇图》《百美图》《枯槎鸲鹆图》《两岸峰青图》等绘画作品传世。

仇英(1482—1559)

　　字实父,号十洲,江苏太仓人。擅人物,尤长仕女,既工设色,又善水墨、白描,能运用多种笔法表现不同对象。与沈周、文徵明、唐寅并称为"明四家"。作品有《竹林品古》《汉宫春晓图》《供职图》等。

郑板桥(1693—1765)

　　清代官吏、书画家、文学家。名燮,字克柔,江苏兴化人。康熙秀才、雍正举人、乾隆元年进士。"扬州八怪"之一。历官山东范县、潍县知县,有惠政。诗书画均旷世独立,人称三绝。有《板桥全集》。一生画竹最多,次则兰、石,但也画松画菊,是清代比较有代表性的文人画家,代表画作为《兰竹图》。

大俗大雅黄永玉

　　中国当代十大画家中的湘西乡土画家黄永玉,1924 年 7 月 9 日出生在湖南省凤凰县沱江镇,土家族人。笔名黄杏槟、黄牛。因家境贫苦,只受过小学和不完整初级中学教育,且 12 岁就外出谋生,漂泊在安徽、福建山区小瓷作坊做童工,后辗转上海、台湾和香港。14 岁开始发表作品,以其独具风格的版画作品饮誉国内外。16 岁开始以版画及木刻谋生。其成长从瓷场小工、小学教员、中学教员、家众教育馆员、剧团见习美术队员、直到报社编辑、电影编剧及中央美术学院教授、中国美术家协会副主席,可以说是一个传奇。

　　在凤凰土生土长的黄永玉,骨子里沉浸着对凤凰深深的依恋和情感。黄永玉小时最喜欢在凤凰的青石板小巷里玩耍,那时他最爱去凤凰的边街。那里聚集着民间艺人,风筝画,菩萨木雕;苗寨赶圩,土家舞龙,一切与风俗、与艺术有关的美好,早早地浸染着他的眼睛和心灵。凤凰,给予这位艺术家诞生之初难得的熏陶。他那种对艺术的热爱,一旦形成,就将不会更改,并深深地执着地影响他的一生。

　　黄永玉是以创作木刻走上艺术道路的。20 世纪 30 年代许多木刻家的创作大都以抗战为主题,注重社会影响,使木刻与社会革命、抗日战争紧密联系在一起。黄永玉的作品却与众不同,他的木刻着力最多的是描绘故乡凤凰的风土人情与少数民族形象。这种鲜明的笔触和浓郁的民族风让他一出场就引起了轰动。凤凰让他所感受过的一切,成了他创作的源泉。在

我的未来不是梦

这一点上,他很像表叔沈从文。湘西特有的文化底蕴造就了这两位艺术大家。凤凰让他从心灵深处拥抱艺术,并一生挚爱。凤凰对黄永玉来说不是简单的温馨记忆,凤凰的重要在于赋予他一双能以独特方式观察世界的眼睛。

凤凰还送给黄永玉永不疲倦、永远漂泊的双脚。12 岁时中学未毕业,黄永玉就离开了故乡,到江西、福建一带独自闯荡,并在漂泊中不断成长。对于黄永玉,漂泊不仅意味着生活不断变化,也意味着艺术存在多样选择的可能。漂泊中他形成了一种执著、张狂、潇洒的性格。他以这一性格面对社会复杂万状,阅尽世间沧桑百态。他以这一性格走进艺术,尝试各种艺术形式,毫不疲倦地行走在艺术天地里。他画自己所想,写自己所想,并从凤凰画到全国,从国内画到国外。他没拜过师,未求过学,也未受过专业训练,然而成就却极惊人:他诗、书、画、雕塑、木刻、小说、散文、戏剧无所不通,且均有建树;他无师无门无派,却当上中央美术学院教授和中国美术家协会副主席;他画的猴子上了邮票;他信手画的头像和随手扎的麻袋,变成了"阿诗玛"香烟和"酒鬼"酒的品牌符号;他写的书及别人写他的书会一版再版,畅销甚至脱销。他简直就是一个传奇。人们说起他便爱用一个词儿来形容——"鬼才"。

1980 年 1 月,中国第一张生肖邮票猴票在全国发行。邮票上的猴子有着一双炯炯有神、可爱顽皮的大眼睛,憨态可掬。很多人都知道,这是"鬼才"黄永玉为纪念自己养的小猴子而画。如今,这枚面值 8 分的猴票已经涨到了天价,收藏价格翻了何止万倍,被誉为"集邮史上的神话"。实际上黄永玉画过很多猴子,与猴票相比,那些猴子形态更多样,颜色更丰富。

黄永玉创作极重视素材积累。他在北京万荷塘私宅里有一片大大的种满荷花的水塘,为将荷花在不同时刻的形态完美展现,他常坐在池塘边,一坐就是几个小时守着花开花合。至于为荷花画了多少素描,他自己估计有八千多,为此他还专门刻了一个"荷花八千"的图章。因早年学过版画,在画荷花时,他常把版画的线条用上,所以他画的荷花便有一种刻线的力量。在作画工具上,黄永玉也别具一格,不仅用毛笔,连板刷和丝瓜瓤在他

手上也大有用场。这种不拘传统的创作,在画坛引起很大震动。

黄永玉一生漂泊,每到一地都进行写生。他游历法国时,塞纳河至翡冷翠一带,常见他在河边坐着小板凳,支着画板写生。塞纳河畔是近代法国印象派的发源地,众多名作散落其间。画家莫奈曾经把对光线及色彩的理解,画成三幅画,给黄永玉留下深刻印象。凡·高的作品画面上充满阳光的鲜艳色彩给人亮丽和明朗的感觉;而画家塞尚,则继续在颜色的基础上发展立体感。在黄永玉看来,这些绘画在色彩上有着许多妙处。顺着欧洲艺术的历史长河,黄永玉溯流到"文艺复兴"之源的佛罗伦萨。这里到处是美妙的中世纪建筑和灿烂的古典绘画,黄永玉表现了极大的兴趣,只要一上街,他就不停地画,且时常画上一整天,回在家里还是不停地画。在意大利,黄永玉不停地穿行于佛罗伦萨的大街小巷,沿着达·芬奇的故居向山丘上走有一座空房子,黄永玉看到后就将它买了下来。中世纪的建筑用石头砌成,有许多的窗户,新颖别致。于是,黄永玉便常把画架支在人家门口写生作画。那时,这个戴着贝雷帽,叼着烟嘴的小老头成了佛罗伦萨一道有趣的风景。后来,他在意大利举办画展,看到他画中的佛罗伦萨,意大利人赠给这个中国小老头一份特殊的礼物——由意大利总统颁发的"总司令勋章奖"。

黄永玉后来在香港展出了他在国外的作品,名为"从塞纳河到翡冷翠"。画展图文并茂,除大量画作外,还有一套他自己写的同名散文集,使展览获得了巨大成功。

曾有人评论黄永玉的画基本功不行。黄永玉对此毫不避讳,他说:"中国画、西洋画我都没学过,我当然用自己的方式画。"黄永玉的画,线条简练明快,色彩艳丽丰富。在许多人眼里,像极了欧洲的风格,不同的是黄永玉使用宣纸和毛笔创作。从20世纪70年代80年代的荷花,到90年代的巴黎和翡冷翠,黄永玉的绘画,都在按照他的"黄氏法则"发展而又自成一格。

正由于没有正统教育的束缚,他的手脚才放得开,才可以做到博采众长、吞吐万象。黄永玉说自己是个打野食的人,胃口比较好,凡是好的东西他都能吸收并消化。因而他的绘画常从一个极端走向另一个极端:画纯水

墨时，淋漓尽致，不染丝毫丹青；而多数时候，他对色彩有着特殊偏好，尤喜大红大绿大紫等特"俗"的颜色，那种俗大胆张扬，色彩浓艳，夺目奔放，他常一边画一边嚷着"就是要俗"，"俗到极处即是雅"！用色特立独行，与众不同。中国画一般讲究实从虚生，飞白是最显示功力的地方。他却反其道行之，追求虚从实生，让你从大量的信息中去捕捉隐藏的趣味。对此，他恢谐地说："我的画面上没得空，你要飞白到自己大脑里去飞吧。"

有人建议黄永玉成立自己的画派，结果遭致他一顿臭骂："狼群才需要成群结党，狮子不用。如果你需要这样的力量的话，艺术的力量就减弱了。画画应该是一种没有纷争、没有是非、旁无他人的艺术追求。"他认为搞艺术是个体劳动，成群结党就变成了一种势力，是一帮画家在擂鼓助威，而不是艺术行为。其实这也可以看成是他的人生态度。对于乐观、执著、富于创造的黄永玉来说，不管外界如何变幻，永远都是一种背景，一种陪衬。在他心里，任何艺术形态都具有同样的分量，无轻重高低之分。他没受过正规教育，这正好与他的性格相吻合，可以使他少些清规戒律，少些拘谨；多些随性而行，多些自由与大胆。他对艺术的探索毫无顾忌，他看重的是如何最充分、最自由地表达自己的感情与思想，看重的是创作过程，而非结果本身。至于色彩、构图、风格等，与艺术家的个性完全是一种心灵的交融。

2008年8月，85岁的黄永玉创作了一幅奥运题材油画《中国=MC2》。取意于爱因斯坦的物理公式 $E=MC^2$，M 为质量，C 为光速，他以画寄寓一份美好愿望：中国更好、更快地发展，其能量方能达到最高境界。这副画因奥运五环获得灵感，作品内容是一棵运用五环色彩伸展形成的大树。树枝盘桓而上，枝节错综复杂形成巨大树冠，让人感觉到奥运"鸟巢"框架的韵味，象征着现代奥林匹克运动的繁荣发展和奥运大家庭的团结，没有一个完整环状，却让人感觉到奥运五环尽在其中。树旁翩翩飞舞的彩鸟环绕，整个画面华丽唯美。对于这副画的创作，黄永玉只用三两分钟进行构图，两三天就画好了。后来《中国=MC2》在北京奥林匹克美术大会展出，受到了国际奥委会主席罗格先生等海内外知名人士的高度赞叹。赠与他"奥林匹克艺术奖"。黄永玉是本届奥运会主办国(中国)唯一获此殊荣的艺术家，

逐梦丹青

也是现代奥林匹克史上唯一获此奖项的中国人,这个奖项也被国人誉为北京奥运会中国军团的"第 52 枚金牌"。

逐梦箴言

一个极富艺术感染力的生命和灵魂,是不需要问出处的。艺术殿堂里从来没有富贵贫贱之分,更无学位高低之别。有的只是才华的高低、造诣的不同。

人生,重要的是把握住自己,做自己的主人,把命运牢牢握在自己手中。艺术就是一种命运。任何时候,任何情形下,艺术家都应是自己艺术的创造者。

知识链接

列奥纳多·达·芬奇 (1452—1519)

意大利文艺复兴三杰之一,欧洲文艺复兴时期最完美的代表。是一位思想深邃、学识渊博、多才多艺的画家、寓言家、雕塑家、发明家、哲学家、音乐家、医学家、生物学家、地理学家、建筑工程师和军事工程师。他是一位天才。他一面热心于艺术创作和理论研究,另一方面他也同时研究自然科学。为了真实感人的艺术形象,他广泛地研究与绘画有关的光学、数学、地质学、生物学等多种学科。他的艺术实践和科学探索精神对后代产生了重大而深远的影响。代表作油画《蒙娜丽莎》,壁画《最后的晚餐》

克劳德·莫奈 (1840 — 1926)

法国最重要的画家,印象派代表人物和创始人之一。擅长光与影的实验与表现技法。他最重要的风格是改变了阴影和轮廓线的画法。代表作《翁费勒的塞纳河口》《日出·印象》《圣日尔曼·俄塞罗瓦教堂》《穿绿衣的女士——卡美伊》《圣拉查尔火车站》

我的未来不是梦

◉ 智慧心语 ◉

无一事而不学,无一时而不学,无一处而不学。

——朱熹

有志者,事竟成。破釜沉舟,百二秦关终属楚。苦心人,天不负,卧薪尝胆,三千越甲可吞吴。

——蒲松龄

自学很重要。自学历来是许多著名科学家以及文学家,艺术家,政治家成才的重要途径。

——周培源

学习研究,主要靠自学,应把大部精力放在课外自学,自己找书研究。这样或能尽早地培养独立研究的能力。

——李泽厚

有谁帮助我呢? 我是靠自学的。

——列宁

第七章

贴近生活 注重实践
是艺术成功的源泉

黄宾虹

○导读○

　　艺术源自生活，灵感来源于实践。很多优秀的画家都践行着。艺术的学习不在欧洲，不在巴黎，不在画室里，也不在古人及名师们的名品画作里；而是在祖国，在山川自然，在故乡，在家园，在自己的内心世界！于生活实践中才能获取真知。在这方面做得彻底的要数下面这几位伟大的画家了。

黄宾虹花鸟画

■ 傅抱石写生

艺术大师傅抱石一生崇尚写生实践，于真山真水中寻求创作灵感，他先后参与和领导了画界几次具有重大影响的写生活动。

重庆写生　1939 年 4 月，傅抱石举家寓居重庆沙坪坝金刚坡，直至抗战结束。这一时期，表现金刚坡下、成渝道上的秀美景色，反映巴山夜雨的情景意趣，成为他山水画创作的主题。那时他每周要步行 30 华里到中大教课，一路风光烟笼雾锁、苍茫雄奇，到处都是他创作的摹本。当时他在继承宋元宏伟章法及水墨逸趣基础上，继续变革创新，用散锋乱笔表现山石的结构，其独特的"抱石皴"皴法已趋成熟。所以他痛快淋漓地畅写山水，迎来了他艺术创作的第一个高峰。这一时期他的代表作是 1944 年 9 月创作的《夏山图》唐人诗意画，完美表现了蜀中山水秀丽景致，这幅难得的落拓大作，狭长高旷，用笔潇洒，用墨酣畅，将水、墨、色融合一体，在墨色表现上，翁郁淋漓，气势磅礴！用笔也变化多姿，在墨色将干未干时，以散锋乱笔随意纵横，信笔点染，却已达到浑然忘我、离形去智的超然境界，独特的"抱石皴"法使画风雄肆奔放，笔飞墨舞，堪称前无古人的奇特之作。

傅抱石居住四川 8 年，山水画的创作发生了质的飞跃；新中国成立后又进行三次远足写生，推动了他艺术创作的巨变。

欧洲写生　1957 年 5 月，傅抱石以新中国第一个美术家代表团团长身份，率队赴捷克斯洛伐克、罗马尼亚进行友好访问，写生作画、举行画展。

对中国艺术家的到来，罗马尼亚负责人接见时提出希望中国画家用画

笔表现罗马尼亚的美丽景色。在捷克首都，对方竟要求画家们现场将这座位于多瑙河畔的美丽城市画下来，以便在当晚电视节目中播放。当时一艘游艇把他们送到多瑙河对岸，但见傅抱石在几部摄影机前从容选景、落墨，表现极为淡定，画完题上"一九五七年六月九日傅抱石"。这是傅抱石第一次在异域写生作画，也是他平生的第一次！

出访欧洲是傅抱石从日本归国后第二次迈出国门。面对异域风情，他开始思索如何用中国笔墨表现外国风景，并尝试在发挥中国工具材料和笔墨形式特长的前提下，充分表现异国山川特色。这种针对国外风光的写生，使山水画在题材的表现方面向前迈进一大步，为中国山水画的创作开创了一条崭新道路。

为突出欧洲写生的风光特色，傅抱石一般在画面中安排教堂、城堡以及尖顶红瓦的建筑，并把不入眼的电线杆、火车道等收入画面。他舍弃国画传统构图方法，画面处理不再以奇险取胜，而是平实地突出自然。《斯摩列尼兹宫》《将到西那亚为车中所见》《罗马尼亚风景》《捷克风景》均表现了一种自然的新鲜感受。欧洲三个月，傅抱石共完成49幅写生作品，在布拉格和布加勒斯特先后举办观摩展览，对宣扬中国绘画艺术作出了贡献。

二万三千里旅行写生 1960年9月，傅抱石率"江苏国画工作团"开始二万三千里旅行写生，走进河南、陕西、四川、湖北、湖南、广东等省，瞻仰革命圣地，游览名胜古迹，参观祖国建设成就，极大地开扩了眼界和胸襟。这次长达三个月的旅行写生，对傅抱石来说最大收获就是确立"思想变了，笔墨就不能不变"的观点，并创作了《待细把江山图画》《西陵峡》《黄河情》《枣园春色》等一批作品，和随团其他画家的作品一起组成《"山河新貌"画展》，于1961年5月在北京中国美术馆展出，获得空前成功，社会各界好评如潮。后来部分作品集结出版《山河新貌》画集，奠定了本次写生与展览所具有的历史地位。傅抱石带领下的江苏国画创作群体推动了当时美术事业的前进，将写生带动国画创新的运动推向历史高潮。

东北写生 1961年6月到9月，傅抱石到东北长春、吉林、延边、长白山、哈尔滨、镜泊湖、沈阳、抚顺、鞍山、大连等地写生。他感叹东北之行是

"兹游奇绝冠平生"。傅抱石在东北写生,将自然和社会两种题材的运用发挥到了极致。以《煤都壮观》为代表的社会性题材,表达了现代山水画符合时代潮流的发展规律。而以《镜泊飞泉》为代表的自然题材,则是北方山水在他心灵中的震撼和再现。傅抱石是一位具有北方气质的南方画家,他嗜酒如命,行为豪爽,用笔奔放不羁,旷达的北方山水正好吻合其豪放的才情。他曾道:"此情此景,我能忘乎?我能不画乎?"

　　傅抱石自欧洲到东北写生的过程,意义已经超出艺术本身。欧洲写生只是表达了一种新鲜感受,而二万三千里旅行写生和东北写生则是一种主观探索,使其经过几十年磨练的笔墨在真山真水的实践中得到淋漓尽致的发挥。他一生热爱大自然,对祖国的壮丽河山有着真挚的情感。在他的带动及实践下,中国山水画面貌焕然一新,从而有力地推动了新山水画在20世纪中期的发展。

逐梦箴言

　　艺术家要深入生活,于实践中发现灵感,寻找创作的素材,这是走向成功的必为之路。

知识链接

中国山水画

　　简称"山水",是以山川自然景观为描绘对象的中国画。形成于魏晋南北朝时期,隋唐时始独立,五代、北宋时趋成熟,成为重要画科。按画法风格分为青绿山水、金碧山水、水墨山水、浅绛山水、小青绿山水、没骨山水等。山水画是中国人情思中最为厚重的沉淀。以山为德、水为性是山水画演绎的主要内在修为意识,集中体现了中国画的意境、格调、气韵和色调。

我的未来不是梦

■ 吴冠中"走江湖"

大画家吴冠中一生都在倡导艺术实践活动,要在采风写生中寻找灵感。在巴黎求学期间,吴冠中就进行了大量油画风景写生。那时他假期到欧州各地游历,画了不少欧洲城市风景,至于平时在巴黎市区和郊区则画得更多,异域风情建筑、落寞的路灯及横跨着的过街楼等都曾进入他的写生画面,这些风景写生的前期努力,无形中为他日后确定风景画方向,奠定了坚实的基础。

50年代初期,怀着一腔热血回国的吴冠中,因国内画界对西画排挤,不得不从风景画起步。如同在巴黎一样,吴冠中画遍了北京的大街小巷、寺院塔楼,并由这个起点逐渐向外扩展:1954年到1963年先后赴五台山、绍兴、山东大鱼岛、江西井冈山和瑞金、山西洪桐、海南岛、故乡宜兴、浙江雁荡山,最远的还去了西藏,随着外出写生的次数愈来愈多,脚步迈得愈来愈大,他的风景画也越来越趋成熟。

一次,吴冠中在湖南听说张家界风光很美,便背上画夹前往。那时的张家界还未开发。在一位老农带领下,吴冠中在大山中走了好远好久也未看到好景致,不免有些失望。但老农却很热情,尤其看到吴冠中是位画家,就更是鼓励他往前走,不停地说好景色就在前边,就这样吴冠中将信将疑地跟着老农走了好几个小时,终于一个梦幻般的神奇世界出现在他面前!吴冠中惊呆了,他从未见过这般奇妙的景色,张家界的山仿佛悬在半空中。站在那里往下望,是一片看不到底的世界,下面云海飘浮,如仙似幻。吴冠

中走一步叹一步，不住地赞赏。那次他停在张家界写生好多天，回来后写了一篇《养在深山人不识》的文章赞叹张家界的大美。这篇文章连同那些写生画作，让更多国人知道了张家界，从此张家界吸引了国人以及全世界的目光，成为名胜风景区。

不断的写生让吴冠中积累了大量的作品和素材。他的艺术渐次取得些成绩，创作也趋成熟。1962 年《美术》杂志发表其画作和文章《谈风景画》，使他以风景画家身份亮相，从而确立了在中国画界的地位。他在文章中对风景画创作提出较为系统的见解："首先，风景画要以创造意境为第一要义。风景画不能只求新鲜感，见景画景，娱人眼目。只有意境的新鲜，艺术创造的新鲜，才能真正予人以新鲜感。其次，风景画要在写生中创造。即饱游山水之后再组织画面，先游一遍，构思一番，然后在速写簿上或脑海里构好图，及至动手写生时，往往还要变换几次写生地点才能完成作品。最后，阐述写生的意义：写生只是作画的方式之一，并不决定作品是创作还是习作的问题。强调对景写生的好处在于：感受较深，无论在捕捉色彩的敏感性和用笔效果等方面，都很可贵，回来制作往往不能再保留这些优点，易失去大自然那种千变万化瞬间即逝的新鲜色彩感。"

吴冠中之所以天南地北到处跑，就是要让自己面对物象作画，在写生中寻找创作灵感。离开物象，就等于离开感觉的客体，脱离了感觉的源泉。只有面对物象，才能使其在感觉之源的驱动中，保持作画应有的良好状态。吴冠中的风景画始终有股清新的生命气息，就是因为他没有离开感觉之源；他的写生是经过饱游多看，经过缜密构思、构图之后才动手创作的，并且是采取不断移位的写生方法，从而保证了从立意到构图的完整性与新鲜感。

吴冠中外出写生可以几个月穿一身衣服不更换，全然不在乎衣衫及外表是否整洁不堪，因而常破衣褴褛遭人误解。他曾经画过一幅自画像："山高海深人消瘦，饮食无时学走兽"，生动地勾勒出一个献身艺术，终年奔走于天南地北的艺术家形象。他常戏称自己是"苦行僧"，年年背着画箱"走江湖"。他画起画来，可以整天不吃不喝，专注投入。他胸怀坦荡、光明磊落，作为一个画家，有着常人难以企及的对艺术的狂热与虔诚。正是靠着

这种狂热与虔诚，成就了他作为一个艺术大师的人生梦想。

逐梦箴言

生活是创作的源泉，实践是创作的基石。使创作走进生活，是进行原始的积累；让艺术从实践中出发，是进行心智的锤炼。生活实践是创作成功的根本。

知识链接

风景画

是以风景为题材的绘画。国画中的山水画属于风景画。这一词汇约在 20 世纪传入中国。西方的油画风景、中国的山水画最早只作为人物画的背景，后逐步发展为独立的画科。

■ "到祖国壮丽山河中去！"

　　艺术大师李可染说，祖国河山壮丽，理应精心描画。所以他一生写生无数，誓为祖国山河立传。

　　李可染最初写生兴趣缘于一头水牛。1942年他住在重庆金刚坡下时，邻居家里有头硕大的水牛，形象憨态可爱。水牛白天出去耕地，夜间吃草、喘气、啃蹄、蹭痒，李可染都听得清清楚楚。他想起鲁迅曾把自己比做吃草挤奶的牛，郭沫若写过《水牛赞》，于是他开始以水牛写生，用水墨画起牛来。1944年李可染在重庆举办《李可染水墨写意画展》，好友徐悲鸿为其画展作序；著名作家老舍也为其撰写文章《看画》，文章里写道："可染兄弟画了一幅水牛、一幅山水，交给了我。这两张我自己买下了，那幅水牛今天还在我的书斋兼客厅兼卧室里悬挂着。我极爱那几笔抹成的牛啊！"

　　1952年，李可染参加中央文化部组织的石窟考察团到云冈石窟考察。又赴炳灵寺考察，参观龙门石窟、西安碑林等大型石刻，几次考察，李可染深为中华民族厚重渊远的艺术所震撼。

　　1954年上半年，李可染开始长途写生，画家张仃、罗铭同行，历时三月。回来后三位画家在北海悦心殿举行水墨写生联展，引起强烈反响。这一年为李可染山水画转型期。他为变革中国画镌"可贵者胆"、"所要者魂"两方印章，还刻了《为祖国山河立传》印章。

　　1956年，李可染又一次长途写生，春季由北京出发，冬季始归。奇险的蜀道、江城的朝雾、乐山大佛、夕照中的重庆山城、万县瀼渡桥都走进他

我的未来不是梦

117

这次写生的画面。当时李可染在美术界有许多朋友，只要打个招呼，沿途都会有人热情接待。但为集中精力写生，李可染未惊动任何人。他偕同弟子黄润华，始终以步代车，沿途作画。江上之行，露宿在木船甲板上；山路之行，就挤进骡马店、小客栈里。风餐露宿，极尽艰苦。一天晚上，师徒二人疲惫不堪，困乏万分，借宿路边席棚客栈。李可染患有失眠症，不想刚睡下，便被一阵锣鼓敲醒，再也无法入睡。那锣鼓却越敲越近，惊天动地，最后连年轻的黄润华也吃不消了。最后没办法李可染终于打电话给四川美协。当时著名版画家吴凡半夜赶到接走了师徒二人！吴凡曾是李可染的学生。此后师生每次相见，都会笑谈四川锣鼓的威力。这次写生历时八个月，行程数万里，作画近二百幅。从对景写生发展到对景创作。代表作有《鲁迅故乡绍兴城》《万县》《江城朝雾》《嘉州大佛》《峨眉山秋色》《巫峡百步梯》等。并在中央美术学院大礼堂举行"李可染水墨山水写生作品观摩展"，在美术界产生深远影响。

1957年，李可染与画家关良访问德国，历时四个月。画了大批写生作品，在笔墨、造意与境界上均达到了新高度。他将西方近代绘画特色融入中国画的笔墨形式中，给作品注入了新鲜的生命感受和现代意识，是对传统山水画的创新突破，由此他逐渐形成了自己的独特风貌。后来柏林艺术学院为两位画家举办联合画展。转年，捷克布拉格博物馆举办《李可染画展》。

1959年，李可染赴桂林写生。回来后在北京举办《江山如此多娇》山水写生画展，并在全国八大城市巡回展出。

为实践"到生活中去、到祖国壮丽山河中去"的创作信条，李可染先后10次到祖国及世界各地写生，一生鞍马劳顿充分体现了他对艺术的执着。他于写生中细心观察探索自然景物之变幻，先后完成数百幅山水写生画稿。他的山水画声色并茂，极具雄迈的精神境界，并形成新的艺术体系和表现技巧，以浓郁的生活气息和清新的笔墨意境独树一帜，在国内外引起重大影响。

逐梦箴言

　　艺术是条深海，只有沉下去吸取营养，厚积薄发，以待时日，方能有机会浮出水面，成为令人仰止的高山；而浮在海面上不肯沉潜的人，永远学到的只是皮毛，得不到深髓！

知识链接

水墨画

　　是以水墨为主的一种绘画形式。被视为中国传统绘画，国画的代表。基本的水墨画，仅有水与墨，黑与白，但进阶的水墨画，也有工笔花鸟画，极富色彩，也称为彩墨画。在中国画中，墨为特有的材料之一，以加清水的多少引为浓墨、淡墨、干墨、湿墨、焦墨等，画出不同浓淡（黑、白、灰）层次。别有一番韵味称为"墨韵"。

我的未来不是梦

■ 山水我有

    黄宾虹是中国近现代美术史上的开派巨匠,1865年出生于浙江金华,有"千古以来第一用墨大师"之誉。原名懋质,名质,字朴存、朴人,因所居潭渡村有滨虹亭,号滨虹,后改宾虹,别署虹叟、黄山山中人等。幼喜绘画,兼习篆刻。6岁开始临摹家藏的沈庭瑞山水册。曾师从郑珊学山水,师从陈崇光学花鸟。

    国画创作历来以山水为最。中国绘画的历史画卷,其实是一部中国山水画的演变史,山水画最能体现人的精神境界和情感,最能体现这种生生不息的精神和情感构筑的生存空间。山水画艺术创作是一个永远且永恒的主题。

    黄宾虹作为一位早学晚熟的山水大画家,对于艺术,推崇画家应深入山川自然,寻求师法造化,为此他一生写生无数。最精彩感人的是他67岁那年,一次独去青城途中遇雨却照行不误,后来竟索性在滂沱大雨中坐下来,从容观赏雨中山色,全身淋透也毫不在意,还欣然吟出"泼墨山前远近峰,米家难点万千重。青城坐雨乾坤大,入蜀方知画意浓。"第二天,他一鼓作气画出10余幅画,包括《青城山中坐雨》。后来他曾给友人写信提及此事:"青城大雨滂沱,坐山中三移时,千条飞泉令我恍悟,若雨淋墙头,干而润,润而见骨。墨不碍色,色不碍墨也。"《青城山中坐雨》成为其代表作,画面上一座经雨水洗礼的崔嵬山峰,氤氲缥缈的烟雾缕缕轻岚般在山谷中流动;乳白色的雾,落似如虹瀑布,开如莲般水花;使人感到既婉约秀润又雄浑苍劲,既近在咫尺又浩淼无边;峭壁下的褶皱里村居点点;山崖下,水绕山走,路缠山转,一条银瀑样的溪流正将顽长的一抹烟云蜿蜒载向江天。而溪边两棵树正于风中摇曳着。《青城山中坐雨》苍劲清润,传神、巧妙的画

技,令观者赞叹不已!

　　黄宾虹一生遍游名山大川,在真山真水间寻求绘画的本源和奥秘。他曾九登黄山,五上九华,四临岱岳、西湖、富春江等胜景,香港、九龙等处也都有他纵游之迹。他身体健壮,以至70岁时仍可云游四方。88岁时他登西湖葛岭写生,仍然"登山不挂枚,平地走如飞"。他每云游一地,都用诗画记述,写生纪胜,以至积稿盈万。他认为"山水我所有",强调画家不应只拜天地为师,还要"心占天地",做到"发山川之精微"。山水自然能给画家以无穷的美感,而画家更应使自己与山水自然情感交融,真实地描绘着祖国的名山大川,烟云胜景,才能做到代山川而言。所以他曾有诗云:"爱好溪山为写真,泼将水墨见精神。"他以其精湛的技艺和齐白石同步画坛,时人称"南黄北齐"。由于黄宾虹在美术史上的突出贡献,在他90岁寿辰的时候,被国家授予"中国人民优秀的画家"荣誉称号,有"再举新安画派大旗,终成一代宗师"之誉。

逐梦箴言

　　仁者乐山,智者乐水。把志趣和职业结成一体,就像两只眼睛合成视线一条,能达到穿透一切的透视力,能获得无穷的力量,从而创造奇迹!

　　"不积跬步,无以至千里;不积小流,无以成江海。"一个人要想飞得更高,双脚只有站在坚实的大地上,才能获取更大的能量!

知识链接

沈庭瑞

　　宋著名山水画家,字樗崖,著有《华盖山浮丘主郭三真君事实》一书。

■ 大千万里行

一代大师张大千视写生实践为艺术的生命。提倡读万卷书，行万里路，认为见闻广博，要从实际观察得来，不只单靠书本，两者要相辅而行。名山大川，熟于胸中，下笔才会有所依据。山川如此，其他花卉、人物、禽兽亦是如此。他曾说过："多看名山巨川、世事万物，以明白物理，体会物情，了解物态。"为此，他一生广游天下，无论是富饶的中原、秀美的江南，还是广褒的塞北、雄伟的关外，都留下他游历的足迹。在游历过的名山大川中，他始终把黄山推为第一，曾三次登临。之所以偏爱黄山，皆来缘于石涛的影响，黄山为石涛之师友。黄山风景，移步换形，变幻无常，云烟、怪石、飞瀑、奇松，无一不佳，无处不美。早在 1927 年，张大千曾与二哥张善子赴黄山写生，当时年轻气盛，无所畏惧，命人逢山开道，遇水架桥，那股子热情真正不可阻挡。对此他曾自豪地说："黄山在我们这一代，可以说是由我去开发的。"张大千开发黄山壮举带动了 20 世纪中国山水画家师石涛师黄山的热潮。黄宾虹便九上黄山，刘海粟曾十上黄山来表达对山水写生的热爱情结。

张大千在 50 岁之前遍游祖国名山大川，50 岁之后则周游欧美各洲，这是前代画家所无从经历的境界。张大千先后在香港、印度、阿根廷、巴西、美国等地居住，游遍欧洲、北美、南美、日本、朝鲜、东南亚等地名胜古迹。所到之处，他都写了大量的纪游诗和写生稿，积累了取之不尽、用之不竭的创作素材，同时为他日后艺术的创新打下了坚实的基础。

逐梦箴言

对于搞艺术的人来说，要想让身边的人记住你，就走出去；要想让后世的人记住你，就应沉下来，沉在生活和实践中！沉在真山真水的实践中！走出去，你会成为画师；而沉下来，则可能成为艺术大师！画师和大师永远是二个不同的概念，存在质的飞跃！

知识链接

写生

凡是国画临摹花果、草木、禽兽等实物的都叫写生；摹画人物肖像的则叫写真，而与之相应的有"写心"和"写意"。

■ 刘海粟与黄山

　　大画家刘海粟最爱黄山,一生之作多以黄山为题材,可以说黄山是刘海粟艺术的源泉。从1918年刘海粟第一次登黄山到1988年第十次登临,跨度达70年之久,几乎包括了他一生的艺术实践。七十年间十上黄山的壮举,打破了历代画家的登临纪录。而他以黄山为题材的作品,包括速写、素描、油画、国画,总量蔚为壮观。他在十次登临中体现出来的不断攀援、不断超越的精神,更令人敬佩。

　　黄山景色绚丽多彩,朝夕变幻,为天下奇绝。刘海粟认为,泛泛写生黄山并不难,难在通其神,得其趣,传其妙;单单描绘一石一松一泉并不难,难在表现出黄山博大幽深的整体美,变幻无穷的动态美。所以他说,画家要表达黄山真精神,首先得写出黄山真面貌。

　　关于黄山的真面貌,刘海粟认为可以用四个字来概括:“壮阔雄奇”。这是他屡上黄山、深入观察后的感悟。他初上黄山,感到绚丽多姿,无处不奇,无处不美,醉人心魂。再上黄山,觉得幽深怪险,曼妙奇丽,朝夕变幻,出人意表。又上黄山,但觉峻拔雄伟,千态百状,瞬息万象,荡人魂魄。直到第六次登临,才真正意识到黄山壮阔雄奇,云之幻,松之奇,石之怪,峰之雄,瀑之韵,构成黄山一种壮丽雄浑的氛围。

　　刘海粟于1954年第六次登临黄山,巧遇山水大家李可染。李可染此时正进行艺术生涯中的一场革命,想通过写生,以“师造化”来改造中国画的形式、内容与笔墨体系。刘海粟对这位昔日的学生,此际的同道十分推

崇,二位画家常结伴写生、畅论艺事。

1980 年、1981 年刘海粟七上、八上黄山。他八上黄山,已 86 岁高龄。在经历了十年艰难生活后,面对黄山,刘海粟顿生沧海桑田之感,对黄山的爱恋之情越发弥深坚定。他创作大量泼墨、泼彩黄山图,对景写生时,更注重表达精神与气韵;兴会所致笔墨酣畅,气势夺人,可谓"墨气淋漓幛犹湿"、"笔所未到气已吞"。此时作品可谓"人画俱老"、"瓜熟蒂落",真正代表了他的艺术风格,可以说他的一生艺术实践与人生体验终成正果 。1982 年不服老的刘海粟九上黄山,创作大量的国画油画作品,艺术水准进一步提升,可谓"渐老渐熟,愈老愈熟"。 1988 年 7 月,95 岁高龄的刘海粟第十次登上黄山,实现了十上黄山的夙愿,终于完成了一生艺术探索的历程。此次再与李可染相遇,刘海粟作《黑虎松》一画并题记:"十上黄山画黑虎松并遇李可染,1954 年夏与可染同画黑虎松及西海,朝夕讨论,乐不可忘。今可染已自成风格,蔚然大家,松下忆之,匆匆三十四年矣。"

刘海粟用近二个月的时间在黄山写生、作画,每每被黄山瞬息万变的云海奇观所激动,他因情作画,因画题诗,表现了酷爱自然又超越自然的,博大深沉的情怀。他在诗中写道:"年方九十何尝老,劫历百年亦自豪。贾勇绝顶今十上,黄山白发看争高。""光怪陆离真似梦,泉声云浪梦如真。仙境妙景心中画,十上黄山象又新! "

刘海粟谈他十上黄山作画的体会:"我十上黄山最得意的佳趣是:黄山之奇,奇在云崖里;黄山之险,险在松壑间;黄山之妙,妙在有无间;黄山之趣,趣在微雨里;黄山之瀑,瀑在飞溅处。"他对黄山深切的体验和领悟,使其创造精神与黄山的自然风貌融为一体,因而能作出非同凡响的描绘与表现。这种艺术人生,是黄山真精神和画家真性情的集中体现。

1988 年在上海美术馆举办"刘海粟十上黄山画展",在画坛取得空前成功。

我的未来不是梦

追求艺术的过程中决不能纸上谈兵, 人云亦云, 或是照本宣科。别人的东西永远只能是参考。一味地照着别人的去画甚或想像去创作, 永远不能有突破。而从实践出发, 理论联系实践, 慢慢体会, 反复锤炼, 才是王道。

知识链接

素描

是一种用线条描写或单色、不加彩色的绘画。是造型艺术的基础。只强调明度而不强调色彩的绘画形式。注重结构和明暗, 并用明暗关系在二维平面上表现三维立体的艺术效果。原本是西方绘画的一种基础能力, 简单地说就是用各种方式、材料来表现空间和体积的绘画形式。

■ "融入当下、表现当代"的关山月

　　岭南派大师关山月一生坚持万里行写生创作,涉及题材广泛。名山大川、革命圣地、渔港、林区、厂矿及农田水利建设工地等,都是他绘画的重要素材。此外,他的足迹还遍及东南亚地区、美国以及欧洲各国,所到之处写生无数,可谓万里写生,风光尽收于胸。

　　"动就有画,不动就没有画!"这是关山月的名言,也是他最传神的精神写照。抗战时期,关山月就立下"万里写生"的宏愿。他第一站到桂林,他画了幅十多米长的《漓江百里图》,手卷描绘山水甲天下的桂林漓江。后来又到贵州、云南、四川等省,创作《峨眉烟雪》、《黄果树瀑布》、《岷江之秋》、《嘉陵江码头》等作品。然后又去西北,经河西走廊,出嘉峪关,入祁连山。生长在南方的关山月从未见过塞外风光,大漠戈壁,雪山冰河,驼队马群,广袤草原,无垠荒漠,都使他恍入仙境。关山月满怀激情把这些丰富多彩的景物做了大量写生,成为他一生受用不尽的艺术财富。

　　关山月有一张特别的写生作品,画了老师陈树人给当时国立艺专校长陈之佛写信的场景。当时关山月正面临两种生命的抉择:一是受邀国立艺专担任教师;二是按创作计划到西北考察写生、到敦煌临摹,结果关山月毅然放弃了当大学老师的优厚待遇,前往敦煌写生,由陈树人帮他致信给陈之佛说明缘由。这幅作品最有象征意义,标志着关山月此生不渝的志向:永不终止的写生之路、永不枯竭的创作激情。

　　从 20 世纪 40 年代开始,敦煌石窟成为中国画家心中的圣地。朝圣敦煌,于古老的敦煌石窟艺术中寻求启发,已成为所有中国画家欣然履行的

圣职。1943年,关山月偕妻子李小平和赵望云、张振铎两位画家沿河西走廊赶到敦煌。这座丰富多彩的佛教艺术宫殿,展示了我国文化之悠久,绘画成就之辉煌,也体现了中华民族的伟大、智慧、毅力和不朽的创造精神!关山月为之惊叹,对这座中华民族的艺术宝库进行了深入的研究。他夜以继日地描摹,在妻子秉烛相助下,历时一个多月完成七十余幅敦煌壁画的描摹。敦煌对关山月来说是一所深蕴民族魂魄的艺术大学。关山月后来回忆这次西北之行时写道:"当时,交通十分困难,经常挨饿,在千辛万苦的跋涉中免不了会遇着各种各样的险情,但我热爱我的旅途生活,在漫长艰苦的历程中,意在'搜尽奇峰打草稿',把祖国锦绣河山都收入我的眼底,装进我的胸中,描绘在我的笔下。我有一联诗句来抒怀:'尺图每自胸中出,万里都经脚底行'"。

1948年,关山月又到东南亚的越南、泰国和新加坡走了半年,把在国内多年的写生作品带到南洋去展览。在新加坡,他听说有个渔港很有特色,就前往写生,当时风雨大作,可他却未停画笔,在风雨中完成了一幅风景画。在东南亚关山月最喜欢湄南河的水上市集,坐着芭蕾舞鞋般的木舟游荡于市集上,入眼尽是丰富甜美的亚热带瓜果,土人艳丽多姿的服饰,一派海岛风尚、异国情调。他也喜欢泰北清迈林区成群结队运木材的大象;槟榔屿海岸边的椰林;还有东南亚最大的植物园。这次南洋之行关山月画了不少速写,创作了一批南洋风光画,后来在广州、香港、上海、南京各地展出。

1958年,关山月受国家委派到欧洲举办画展。这期间他画了大量写生,描绘欧洲的现代景观,如码头、船厂。游欧写生,使关山月实现了巨大的艺术变革。当时艺术界普遍认为国画无法表现现代化生活和工业建设,关山月却反其道,大胆使用传统中国笔墨来描绘,通过作品让大家看到,国画可以不再一味地画高山流水,可以出现工业时代的汽车、轮船,人物也不仅局限穿长袍的古人,也可以是现代的摩登骑士或女郎。关山月敢为人先,用中国水墨表达现代景观,透视度、立体感和意境一应俱全,画面所展现的鲜活时代脉搏,令至今国画家的写生作品难以超越。他寻找到国画新的时代精神:"融入当下、表现当代",成为当代画家学习借鉴的典范。

关山月在《我的实践经历》文章中说:"生活是艺术创作的唯一源泉。中国画写生、速写只是认识生活、掌握客观事物规律的一个手段,是为创作打下必要的基础。中国画不背离具象进行创作,这是中国画最大的特点,也是最可贵的优点。""没有生活基础,何来以形写神、借景抒情?画面景物是具体的,情意是抽象的,没有具象就没有抽象。"早在 1944 年郭沫若曾为关山月《塞外驼铃》画作题跋:"关君山月有志于画道革新,侧重画材酌挹民间生活,而一以写生之法出之,成绩斐然。近时谈国画者,犹喜作狂禅超妙,实属误人不浅。"如今读之,令人不禁感慨良多。

写生伴随关山月一生。半个多世纪孜孜求索,终于成就这位画坛巨匠。他致力于传统技法的继承、创新和发展,坚持深入生活进行写生创作,在永无止境的艺术道路上苦苦追求,生命不息,奋斗不止。除西藏和台湾,关山月走遍祖国大江南北和世界各地。八十高龄时他还想去西藏,因医生强烈劝阻才没有成行。

他创作的大量脍炙人口的作品,是鲜明时代精神和个人艺术技巧结合的完美典范。

逐梦箴言

丹青难写是精神。中国画追求的最高境界是"气韵生动",这不仅是技法,更是功力使然。而要达到这一化境,便要缘于在生活实践中的千锤百炼!

知识链接

速写

是一种快速写生方法。速写是中国原创词汇,属于素描的一种。速写同素描一样,不但是造型艺术的基础,也是一种独立的艺术形式。这种独立形式的确立,是在欧洲 18 世纪以后,在此之前,速写只是画家创作的准备阶段和记录手段。

◎ 智慧心语 ◎

千淘万漉虽辛苦，吹尽狂沙始到金。

——刘禹锡

妙处唯在不隔。

——王国维

诗是由真实经过想象而出来的，不单是真实，亦不单是想象。

——戴望舒

向生活和习俗去找真正的范本，并且从那里吸收忠于生活的语言。

——贺拉斯

艺术是生活的镜子。

——托尔斯泰

第八章

甘于奉献 勇于殉道
是艺术家走向成功的必经之路

吴冠中风景画

○导读○

　　成功的道路从无坦途。那盛开的彼岸花,是要经过披荆斩棘,乘风破浪,千辛万苦才能获得。只有怀有坚定信心的人才能撷取。艺术的成功,需要画家具有顽强的毅力品格,百折不回的坚强决心! 需要内心纯粹的热爱及忘我奉献。画家把艺术视为自己的生命,虽然历经磨难,却甘苦自怡,处于逆境,却从不言悔。

刘海粟山水图

初心不改吴冠中

  艺术大师吴冠中在 50 年代初结束巴黎的学习生活，怀着赤子之心回到祖国。却未料，自己竟被当作艺术异己横遭排斥，艺术主张也被看作资产阶级形式主义。可回国的道路是自己选择的。面对残酷的现实，他矛盾，他痛苦不堪！不得不改弦易辙，成为风景画家，开始默默耕耘。只是他没想到，耕耘的道路如此漫长，以至艰难拔涉长达 30 年。或许农民的本色给了他坚韧刚强的品格。30 年中，他一直在困境中默默地前行着。

  其实做风景画是他归国后一个明智的选择。风景画没有明确的政治倾向，题材也不会成为社会关注的焦点，可以避开许多敏感问题。当时，有抱负的画家都在从事主题创作。因此吴冠中将绘画主题转向风景，免除了来自外界的无端批判，为其艺术生存在那个特殊的环境里奠定了基础。

  写实是吴冠中在创作风格上做出的另一明智选择。他当时被认作是搞资产阶级形式主义，即使作风景画也无法避免被冠以"形式主义"帽子。所以继续沿用巴黎时期的风格画风景，即使与政治无关，也难以存活。因此吴冠中采用写实手法、造型严谨，令批评家们无可挑剔。

  回国后的十多年间，吴冠中虽身处逆境，但凭着坚韧不拔的精神，背着画箱到处行走，画了大量作品，奠定了雄厚基础。可是，1964 年，他被下放到农村参加"四清"运动，并禁止作画，直到 1971 年整整八年时间成为他艺术生涯的空白断裂带。这对吴冠中不仅是一生的遗憾，更是巨大的心灵折磨！因为对他来说，没有什么比失去作画的自由更痛苦。

我的未来不是梦

1972 年,吴冠中终于被允许在星期天可以作画。万分欣喜之下,他立刻托人捎来颜料和画笔。没有画布,就地取材用轻便小黑板在上面刷层胶来代替;没有画架,借老乡的粪筐作画架,然后便背着到野地里写生。那时,他被人们戏称为"粪筐画家"。这位粪筐画家在北方乡间的黄土地上,在希望的田野上,开始了渴盼已久的创作。他每天在宁静的田间走着看着观察着,发芽的青草,路边渐次开放的野花、拔节的高粱、金黄的南瓜、芳艳的野菊、还有爬满瓜藤的农家小院,祥和的炊烟,宁静的村庄,这些纯朴的乡间景色,燃起他极大的创作欲望。久违的创作冲动让他积累了大量充满感情的素描,充分反映出画家心灵深处与大自然的相融交流,而真实的生命体验使他的作品充满真挚情感与浓郁的乡土情调,构成他艺术上十分独特的一种风格。

1978 年,是吴冠中归国后第 28 个年头。他终于有机会举办画展,这是他在归国前绝对想不到的。从 1943 年首次画展,已隔悠悠 35 年的漫长岁月。现实对于一个艺术家来说是多么的残酷!就他对艺术那种少有的拼命执着及取得的成就,办十次画展也是可以的。然而他却在临近花甲之年,才得以举办画展,真正是晚来开花。

画展在北京中央工艺美术学院举办,很快在整个美术界引起轰动。当时中国画尚处艺术变革前夕,吴冠中的画作像一股清风给画界带来生机。人们看惯了"文革"时期那些"高、大、全"塑造英雄人物形象,且色彩多为红、光、亮的作品,面对吴冠中这些感情真挚、生动活泼、散发乡土气息的绘画,沁人心脾的新鲜感征服了所有人的心。

画展成功后,吴冠中很快接到贵州邀请函。第二年又由北京中国美术馆主办"吴冠中绘画作品展",随后被邀请到四川、湖北、湖南等全国十多个省份巡回展出;吴冠中也应邀随展赴各地讲学。他的名字顿时传遍大江南北,他的艺术生涯也终于渐入辉煌。

1987 年香港艺术中心举办"吴冠中回顾展"。他的作品开始走出国门,走向新加坡、韩国、日本,走向美国、英国、法国,直至全世界。1991 年,法国文化部颁发给他法国文化艺术最高勋位;1993 年,巴黎市长为他签发巴黎

市金勋章。一生执着的吴冠中终于以他卓越的艺术成就,不仅赢得了国人也赢得了西方人的认同与尊敬。

1992 年 3 月,世界三大博物馆之一的大英博物馆打破常规,为一位当代中国画家举办画展。大英博物馆向来只展古代东方艺术珍品,如今,却破例展出现代东方的作品。西方艺术界以极大的热忱欢迎这位来自中国东方的杰出艺术家。大英博物馆正门,一边是 17 世纪荷兰大师林布素描展横标,另一边就是"吴冠中——20 世纪的中国画家"横标。在西方艺术殿堂中,终于有了中国当代艺术家应有的位置。

西方人把吴冠中的艺术看作 20 世纪中国艺术的标志。认为其作品是近数十年来现代画史上最令人惊喜且不寻常的发现,是 20 世纪中国绘画艺术巨变的标志,是"大英博物馆所珍藏的古典中国艺术品的延续",称他是"今日中国大陆最重要的艺术家"。吴冠中倾尽毕生努力,终于用自己的艺术,为中国赢得了荣誉。

展览中有一个颇具意味的细节,原来陈列东晋顾恺之《女史箴图》的位置,换成了吴冠中的《汉柏》。这个历史的新旧交替,说明了中国现代艺术已经被世界认可。时代在进步,中国在进步,中国的艺术也在进步。其实无论《女史箴图》还是《汉柏》,都是我们中华民族的骄傲,都将永远在艺术的天空熠熠闪光。

吴冠中是中国美术界的学术旗帜,是继林风眠之后弘扬中国美术精神的一代艺术大师。他在探索造型艺术与意境的道路上,融合中西创造出具有鲜明特色的"吴体"。这位伟大的艺术家、理论家和教育家,以其在艺术实践中的卓著成就和学术主张中勇敢独造的精神,成为当代中国画坛一座令人仰望的艺术高峰。

纵观吴冠中一生,勤奋的毅力与顽强的品格造就了他艺术上的辉煌!而他一生却都在痛苦岁月中度过,留学时饱受岐视他痛苦,回国后宏图未展且受排挤之痛苦,"文革"中封笔八年令他痛苦!不断的创新及严于律己是痛苦!你能说画家烧自己的画时不痛苦吗?画家的每件作品都倾注自己的心血!所以那种痛苦会深入骨髓!无穷无尽的痛苦,磨炼着他的意

我的未来不是梦

志，考验着他对艺术的忠诚。如他自己所说："我在艺术上要求太严格了，考虑到百年以后的中国画前途，只是苦了自己……"

苍天不负苦心人。吴冠中终于在晚年迎来了艺术的春天。虽然这个春天来得迟了些，但这个春天里的花却开得更艳更芳更久远。花香不仅弥漫着整个中国的艺术殿堂，还沁入西方世界。回顾吴冠中成功的曲折历程，不难理解，正是由于几十年在底层生活的磨砺，才让他真正积淀了更多自然和美好的情感，从而丰富着他的内心，一经点燃，便迅即喷发，不可阻挡。

成功迟早会青睐那些对艺术执着追求，孜孜不倦，勤奋不懈的人。2000年，吴冠中入选法兰西学院艺术院通讯院士，成为首位获此殊荣的中国籍艺术家，这也是法兰西学院成立近200年来第一位获此殊荣的亚洲人。他在20世纪现代中国绘画上取得的巨大成就，使他继齐白石、徐悲鸿、刘海粟等之后，成为中国当代画坛的又一位大师。

逐梦箴言

成功一定会青睐对艺术执著不悔，孜孜不倦，勤奋不懈的人。

知识链接

大英博物馆

又名不列颠博物馆，位于英国伦敦新牛津大街北面大罗素广场，成立于1753年，是世界上历史最悠久、规模最宏伟的综合性博物馆，也是世界上规模最大、最著名的博物馆之一。收藏了世界各地的许多文物和图书珍品，藏品之丰富、种类之繁多，为全世界博物馆所罕见。

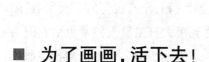

为了画画，活下去！

1951 年，艺术大师林风眠因为"路线问题"，辞去中央美院教授职务，和法籍夫人及女儿定居上海，租住南昌路一幢法式楼房里。当时林风眠没有固定收入，还需要抚养法籍妻子及女儿、外孙，生活极为贫困。虽然政府每月给 80 元津贴，可是光支付每月 160 元的房租就令他捉襟见肘。无奈林风眠只能靠卖画和变卖一些当年从法国带回来的小工艺品艰难度日。生活的极尽艰辛迫使妻子和女儿不得已离别林风眠去巴西定居。妻女离开后，林风眠将楼下房屋退掉，一个人独租楼上，过起了深居简出的生活。他家对面有间粮店，每天中午都会见他在那儿买五分钱的面条，然后用手托着回家。他家里常备一种菜干煮肉，每个月他会煮两次这道菜，一天吃不完就隔天再吃，后天再吃，一直吃到菜干发黑为止。他还会加工制作独家调料：将酱油加上白糖、生姜，煮沸冷却后食用，味道颇佳。

60 年代初，上海很多人家有了冰箱，按理说，林风眠一个人生活饭菜常常要吃好几天，就更需要冰箱。有朋友想为他添置，可他坚决不要。后来人家买了他两幅画，他才用卖画的钱去买了冰箱。林风眠还很节俭，常常利用裁下的宣纸边条来作画。他还自己裱画，为图方便，当然也为了省钱。

林风眠习惯于晚上作画，并在作画时放上一曲古典音乐。他对同一题材的画会重复画好多遍。稍不满意，便立刻毁掉。最后留下来的作品，第二天早上起床后还会再度审阅，有时一晚上的劳作竟会一幅也不留。态度之认真，自我要求之严，由此可见。

我的未来不是梦

　　生活的艰辛不足以摧毁一个优秀艺术家的意志,精神的痛苦煎熬却能打击一颗寻求真美的心灵。60 年代初,林风眠在北京举办个人画展,当时有位作家写了篇文章《我爱林风眠的画》发表在《美术》杂志上,一时成为美谈。可不久,就有人批判这篇文章,指责林风眠的思想感情是资产阶级的,画也是"黑画"。社会舆论开始对其艺术创作持否定态度,并以"莫须有"的罪名进行人身攻击。这使林风眠精神受到极大打击。人们常见他在南昌路上徘徊、踟蹰,冷清、孤寂,听到他无奈地叹息:"今后,我的画恐怕只能挂在自己家里孤芳自赏了!"言语中有着无尽的失落和悲哀。

　　正在林风眠痛苦彷徨之际,香港中艺公司举办"上海名家画展"。一位地产巨商在画展上买了林风眠的仕女图后发现无落款,就托朋友辗转找到林风眠补落款。此事传开,便有好多人来向林风眠求墨宝,那时他的画价是 300 元一幅。就这样,林风眠手头有了点钱,终于可以实现他的梦想:赶往黄山、普陀山等地旅游写生去了。

　　不久,史无前例的"文化大革命"暴风雨一样来袭。上海市开会传达"5·16"通知,林风眠被通知到会。会后,林风眠便愁眉不展,联想到当时北京批田汉、吴晗等人的运动已经有很长时间,所以他生出一种不好的预感。

　　外面风声开始越来越紧。无休止的批斗、抄家接踵而至,仿佛一夜之间满大街便贴上了火药味极浓的大字报。文艺界也不断有人被抄家,甚至自杀的消息,这一切令林风眠忧心忡忡。为躲避灾难,他不得已把自己珍藏的3000 多张画泡到浴缸里,站在上面踩烂,然后顺着抽水马桶冲掉! 亲手将自己大半生的心血毁掉,林风眠心如刀绞! 但是面对严酷现实,为求生存,一切都是无奈之举。不过还有一些作品,林风眠无论如何舍不得销毁,他曾经画有几幅裸体女模特画像,还有一些习作,曾作为教学使用,所以未发表过。那是些颇有纪念意义的作品,用笔比较大胆,都是好的范本。这些作品若落到红卫兵手里,就会成为一桩大大的罪证。他经过慎重考虑,把这批画托付给一位他认为可信赖的朋友,并一再嘱咐"以后要少来往,要千万小心"。

　　这件事安排完不久,林风眠就被关进了看守所。"文革"的十年对林风眠来说不啻于一场恶梦和灾难! 他因为有妻子的海外关系,更因为巴黎求

学时与周恩来总理的一段特殊经历而被捕,这令他在牢狱之中吃尽苦头。当时红卫兵和造反派总是拷问他和周恩来是怎样认识的?和周恩来是怎样的关系!面对这样的拷问,目的不言而喻!林风眠虽然不问政治,但也明白。所以他的回答永远是一句话:他和周总理只是在巴黎时留学生经常在一起聚会认识的,并没有什么深交。对于自己同周恩来总理的关系,林风眠曾一再申明:"1918年,我到法国就读,周恩来也在法国。星期日时很多旅法学生在咖啡馆聚会。有时周恩来也参加。一次,周恩来向我征求意见,邀我加入中国共产主义运动组织,我回答说:我是搞艺术的,必须全身心地投入到艺术中去,而搞政治也是这样。二者不可分心。周恩来听后,尊重我的意见,再未提过。我们依旧是点头之交。"新中国成立,周恩来当了总理。1958年上海一次文艺界聚会,周总理见到久违的林风眠,特地走过来与他握手,并亲切地说:"几十年不见,您还是老样子,工作上、生活上有事可以找我。"不过,林风眠一次也没找总理,因为总理太忙,他不想给总理添麻烦。1962年上海政协会议,林风眠做为政协代表到会。这一次周总理热情地和他拥抱,并真诚地说:"希望你多画些画。"回国后他与周总理的接触仅有这两次,但他对此却一直缅怀在心。后来,林风眠对朋友讲:"有人以为我与周恩来有特殊的关系。这就是我被捕的原因之一。"

在监狱中,面对拷问,林风眠毫不屈服。由于专案组没有得到预期的结果,他因此遭到了极为悲惨的非人待遇和折磨。经常殴打之后,将他的双手被反拷着,而且越挣扎手铐收得越紧,反铐的时间一长手就会肿,最后手铐就嵌进了肉里。因为手被铐成那个样子,他最担心的就是以后还能否作画。在狱中常听说哪个艺术家被迫害了,谁又"畏罪自杀"!听着这些不幸的消息,林风眠告诉自己,决不自杀,"留得青山在",一定要活下去!为了活下去,他在监狱中学会了反手趴在地上,用嘴啃饭吃。

1972年11月底,林风眠在同乡叶剑英(当时任中共中央副主席)的搭救下,幸免出狱!四年多不见阳光的牢狱生活使他脸上无一丝血色,本来就患有胃病和心脏病的他身体更差,病得更严重了。

后来,社会气氛相对缓和,那位接受重托的朋友提出把那批保管的画

归还，因为那是林风眠的大半生心血。却见林风眠淡淡地笑笑，摇摇头讲："今后的时局太难预料。"

在那段特殊的岁月里，林风眠终于想为自己留下文字了，于是由他口述，好朋友冯纪忠为他记录整理《林风眠自传》。当时他一再交待，写好了也不要发表，要等他过世后。写自传的那些时日，林风眠常煮咖啡给大家喝，他习惯在咖啡中加上少许白兰地，让那浓郁的咖啡香传递出别样的异国情调。他与众不同的吃西瓜方法，也让人记忆深刻：他先在西瓜上挖个洞，然后往里倒入少许白兰地，这样西瓜吃起来格外爽快。他说这些都是他在法国读书时学来的，还戏称："西瓜性凉，洋酒性热，中和一下正好，很符合中医养生的原理呢！"

现在留传下来的林风眠早期画作很少，油画就更不多见。林风眠早期的大量油画多已散失。抗战时期因目睹日本兵拿着他的油画当防雨布，从此他便不再画油画。"文革"时为了躲避红卫兵的搜查，除了少部分珍贵画作没舍得销毁，大量早期作品都被他泡在浴缸中，最后顺着马桶冲走！可以说林风眠的毁画是艺术的悲哀，是历史的悲剧！是中国艺术的重大损失！令人深思的是，"文革"结束后，林风眠申请赴加拿大探亲，当时中国政府竟只准他带一百幅画出境。1977年林风眠获准出国探亲，被香港力挽留港创作。从那时起他每日的作品都由香港大银行的专柜保管。1991年林风眠去世，香港政府举行了隆重的告别仪式。当时中国文化部竟没有出面，中国美协只草草办了一个座谈会，真正令人叹息。

艺术，是人生一切苦难的调和剂！从1937年到1991年，50多年时光，林风眠都过着半隐居的生活，专心于艺术探索。经历太多的磨难之后，对于所有身外事，他已经看淡。他一生俭朴、胸怀坦荡；从不张扬，更不追求名利，面对着纷乱的时局世事，始终一心一意地将自己的全部身心奉献给他所热爱的艺术事业！当今闻名世界的大师级画家赵无极、朱德群、吴冠中、李可染、李苦禅等都是他的学生。他是享有国际声望的画家、我国当代美术宗师、现代美术教育的奠基者之一。他被西方艺术界称为"东方的凡·高"。

逐梦箴言

艺术家是天才的代言人,是艺术的殉道者,是痛苦的结晶体。人的一生会遇到许多困难和挫折,但是困难和挫折并不可怕,可怕的是我们失去意志!

知识链接

仕女图

亦称"仕女画",是以中国封建社会上层妇女生活为题材的绘画,还是一种瓷器装饰的典型纹样。宋元时期仕女图较为罕见,这与当时花鸟画盛行有很大的关系

虽九死其犹未悔
——李可染的艺术生涯

　　人民艺术家李可染艰苦生活一辈子,直到去世,没有享过一天福,也没有一天停止过对艺术的研究和思考。谈起李可染的一生,他的妻子邹佩珠说:"我跟可染一起生活,才知道画家的苦。像钻探工人一样总在山里转,一辈子风餐露宿,但最苦的还是无法表现内心思想。尤其是'文革'期间,他被批判为反动学术权威,纯粹搞艺术创作是不可能的,挨批挨斗,一场接一场。可染心中的艺术理想被打破,这对他来说是最苦的事。"

　　建国初期,有一股潮流认为中国画落后、腐朽,和西方油画艺术、水彩艺术比,表现力不够,不能反映时代精神。那时,中央美术学院的学生们都不屑于上国画课,李可染学过西洋艺术,只好去教水彩。但他心有不甘,他很想让中国画既要写意也要写形,并能很好地展现当代。于是,他决心对中国画实施革新。李可染曾说过:中国上千年的历史深邃厚重,不下最大功力研究透彻不可能搞好革新,必须要达到中国画的灵魂深处。所以一定要"用最大功力打进去,用最大的勇气打出来"。

　　李可染的脚和常人不同,脚底有块肉突出来,走路很痛。他所有的鞋都由妻子邹佩珠亲手改过,在鞋底对应位置挖个洞,然后再加一层鞋底。因为李可染总要出去写生,最怕的就是在野外,鞋坏之后的路程对他来说异常痛苦。尤其野外写生,有时一出去就是几个月,过程的艰辛常人无法想象,鞋坏了没有换的,就塞几张纸坚持着走完既定的路线。1956年李可染去南方写生,当时他失明的岳父就在上海,可因为没钱,他路过上海却没有去看望。写生中一路住马车店，吃路边小摊上的东西。衣服破了接着穿，鞋漏了还是垫上纸片，后来到南京大姐家，大姐帮他缝补鞋袜，还帮他买了回程车票。回来时整个人如叫花子一般。

李可染一生贫穷。他的哥哥、姐妹家中都很困难需要帮助，老母亲也需要赡养，所以家里的钱每到月中就会花光，总要向别人借。学校给每月补助二十块钱，但李可染要强，领了一次就不再去领。有年冬天，夫妇俩要参加田汉儿子的婚礼，他们的大儿子才四岁不得不带着，可孩子脚上连双鞋都没有。逼得妻子用一整夜时间，剪了条破棉裤，然后把一双很破的鞋包上，才领着儿子走进北京饭店。李可染每有外事活动，从衬衫到外衣，都得向别人借。有一回借了一件呢子大衣，上面有个洞，李可染就一直用手捂着不敢放下来。1957年李可染去德国访问，从衬衫到西服，妻子借了七八家才凑齐。"文革"中，大儿子李可当兵复员，因父亲是反动学术权威被分到内燃机厂打铁十年。二儿子李庚被弄到内蒙放马，一放也是十多年；因为穷，他们的第三个孩子，本来打算生下后送人，可生下来见是女孩，李可染抱了一夜，眼泪流了一夜，最终没舍得送走。"文革"中女儿被派到终年白雪皑皑的六盘山插队，恶劣的环境下女儿得了脉管炎，差点把腿给锯掉。

即便这样，苦难还远未停止。"文革"期间李可染被批斗，因为头发多，高帽戴不上，红卫兵就天天把糨糊往他头上倒！没办法妻子便天天给他洗头。听人说老舍先生跳湖自杀了，妻子很害怕，时刻不离守在丈夫身边给他讲开心的事。后来李可染被下放到湖北丹江口干校，还被批示永远不许他回京。1972年，为迎接尼克松访华，要布置宾馆，周总理嘱咐叫李可染回京给民族饭店作画。第一次拿了北京市介绍信，干校却不放人；第二次换成国务院介绍信才把李可染接回来。李可染回京后，立即投入艺术创作，用三个月完成了6米巨幅《漓江胜境图》，被作为国礼赠送友好国家元首，深受国家领导人的好评。

逐梦箴言

一切艺术的成功都来自痛苦的磨砺！千锤百炼，好似经过炼狱的洗礼，才能浴火重生，放射炫目的光芒。

知识链接

水彩

按特性分为透明水彩和不透明水彩。又称做水彩颜料。透明度高，色彩重叠时，下面的颜色会透过来。着色较深，适宜长期保存，不易变色。

水彩画

苦中作乐的黄永玉

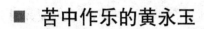

画家黄永玉面对苦难，豁达大度，人们称他是"快乐老头"。快乐老头的心里永远装着故乡凤凰的山水，他的艺术因故乡凤凰而充满活力，故乡凤凰也因他的笔而得到艺术的升华。快乐老头喜欢看书，常将一本好书看作一位智者，并曾恢谐地说："看一万本书，就是和一万个智者对话，多划算！"而今，没有一天不看书的他，随口说出的一些话都会被当成箴言警句，比如"海是上帝造的，苦海是人造的"，"世上写历史的永远是两个人：秦始皇写一部，孟姜女写另一部"。

一个人若能在书籍中阅尽种种人生，就会用一种超然物外的心态对待所有灾难。书给人带来智慧，使人豁达。黄永玉认为，自己一辈子面对苦难不那么难过的原因就是有书籍陪伴。

仿佛从走上艺术道路那天起，黄永玉就注定与猫头鹰有着不解之缘。他永远想不到，自己会因喜爱画猫头鹰却由此引祸上身。因缺乏政治敏感，他画了只"睁一只眼、闭一只眼"的猫头鹰，从而卷入1974年轰动一时的"黑画事件"，受尽迫害。

说起黑画事件，得溯及到1973年10月，当时黄永玉从北京到上海、苏州游历，溯江而上至三峡写生。启程前，黄永玉在画家许麟庐家中应邀随手在宋文治册页上画了一幅猫头鹰，风波由此埋下伏笔。1974年2月15日，一批"黑画"在中国美术馆和人民大会堂展览，共展出18位画家的215幅作品。这些所谓的"黑画"都是"四人帮"在全国各地连骗带诈收罗来的。

我的未来不是梦

《黑画展前言》写道："这批黑画严重歪曲了社会主义新面貌,丑化了工农兵形象。有些含沙射影,是恶毒攻击社会主义制度的毒草,有的甚至公开为叛徒林彪翻案,而它们的产生是得到某些人公开鼓励和支持的。"黄永玉在宋文治册页上所画的《猫头鹰》,在"黑画展"中排在第一名,受到公开批判。对这只"睁一只眼,闭一只眼"的猫头鹰,虽然他解释说是据猫头鹰习性而画,却成了他"仇恨无产阶级文化大革命和社会主义制度"的证明。"文革"中文化组著名写手"初澜",写了重头批判文章《坚持文艺革命,反对复辟倒退——反击美术领域文艺黑线回潮》,却不知为何没按计划公开发表,从而使黄永玉免遭更为猛烈的批判。

后据透露:由于这篇文章非同小可,张春桥、江青、姚文元都作了亲笔"批示"。姚文元最早用铅笔批示如下:关于批判"黑画"的文章,在我这里压了一些时候。主要考虑到:这类"画"如一批判,在国外肯定身价倍增,可以卖更多的钱,且画较形象,易被敌人利用造谣污蔑我。因此想了两个方案:(一)在北京日报上发,不转载;(二)暂不发表,待在某一时候正面介绍我社会主义艺术成就时用一部分提到这些毒草。哪个方案较妥,请春桥、江青同志阅批! 姚文元 12/4 。张春桥批示:我倾向暂不发表,先在内部批,待适当的时候再讲。请酌。春桥 四月十四 。1974 年 4 月 15 日,江青最后批示:同意春桥同志意见。

三十多年后,黄永玉看到了这份与自己命运攸关的"批示",不免感慨万千。他郑重地将它装裱起来,挂在卧室里。

当年,曾有人批斗他:"黄永玉这个人创作上从来不严肃,从来都是玩儿!"黄永玉的脸上便现出一副无所谓的样子,虽然脊背已被笞出道道血印,心里却在窃笑:"你小子要平时这么说我,我一定请你吃西餐。你算是说出了艺术的真谛,画画当然是玩儿,不快乐的话,画什么画呢?"回到家,当妻看到他身上沾满血痂的衣服和伤口长在一起无法揭下来时,心疼得直哭,他却没事一样安慰妻道:"不要哭。不会一直这样的。"

后来,黄永玉被下放到干校改造三年,每天要排着队,拿着农具走 16 里地去劳动,还得高兴地唱着歌。因为被剥夺了作画的自由,黄永玉就常

在心里作画。对于这些,黄永玉后来回忆时笑着对别人讲:"我当时就在心里画。我说我大概以后不会刻木刻了。有人说你不刻怎么生活。我说画画。他就冷笑。他不知道我其实每天就在心里画画。下放回来后便用纸画。那时房子没有现在的桌子大,我画大画,先用棍子卷起一边,画一点,就放一点。""文革"结束后,黄永玉在自家"罐斋"墙上画了一幅很特别的画,到过他家的朋友发现,"罐斋"里多了一扇"窗户","窗外"还有树,坐在那里,让人感觉这个窗真的能够通外面。为了庆祝,黄永玉还高兴地画了一幅《阳秋三绝》送给朋友。画中四蟹,三公一母。朋友不解,黄永玉指着那画上的四只螃蟹说,此四物曾横行一时矣。

曾有人问黄永玉如何在逆境中保持乐观心态,他便狡黠地笑:"谁问我这个问题,我都要收 500 元钱。"然后不等收钱,就讲起来:"所有的苦难不是从今天才开始的,也不是从近 50 年、100 年开始的,5000 年来一直有,只是老祖宗们没留下痕迹,我们是其中一环。你要懂得怎样欣赏它,试想一下,当面临灾难,你就像上帝一样站在高空看自己的样子,多好玩!"

"多好玩!"回答如此轻松!黄永玉真的很好玩,别看他已 80 多岁,可他对新鲜事物永远跟年轻人一样好奇。他 80 岁那年,爱上了宝马 Z4 的敞篷跑车,硬叫人在网上查阅资料,然后从国外买了一辆红色的空运回来。宝马运抵吉首那天,他全然忘了自己的高龄,兴致勃勃地驾着宝马开了 20 公里,要不是旁边有人极力劝阻,他会驾车跑完吉首到凤凰的全部路程。一次他在湖南举行画展,竟开着这辆红色宝马车前去,结果引起众多黄迷围观,后来不得不在保镖护送下,他跳上宝马绝尘而去,很是潇洒。

其实黄永玉就是一个爱找乐子的老顽童。即便是贫穷的时候,他也照样能寻到乐子。三年困难时期,他扛着一杆猎枪上山狩猎,让家人和朋友在解馋同时附带也享受了狩猎快乐。"文革"后,身居北京斗室,因无窗户,称为"罐斋",亦乐在其中。对他来说,生活的贫与富只是形式罢了。

黄永玉说他一生中只有两件事情最重要:一是读书,没有哪一天不读书;二是画画,没有哪天不画画。高兴就画,还总爱尝试新笔法、新题材。他常说自己:"画完就悔,赶紧画第二幅填补后悔。不停地后悔,不停地画画。"

我的未来不是梦

有一次在老家过年,他陪孙女放烟花。孙女问他:"烟花是什么?"他笑着:"这个是李太白,那个是苏东坡,一个一个放。"孙女开心极了,问:"放完他们到哪里去了?""放完了,他们就变成星星了。"回答充满了智慧。对黄永玉来说,最好的归宿就是变成星星,变成一颗耀眼的永远亮在天边的星星。

这位特立独行的艺术家,目前正在写自传,他觉得自己传奇的一生经历弥足珍贵,一定要写下来,尤其是他认为,别人根本走进不了他的历史,融不进他的世界,所以他要自己写,而且要尽快写,因为他已经八十多了。如果写不完,他说:"那就太可惜了!"他的文字就像他的画一样,不中规不中矩,但是奇妙恢谐的语言,动人美好的故事,无不让人着迷!人们就是喜欢这样的黄永玉,喜欢他的与众不同,喜欢他的乐观豁达。他的自传名为《无愁汉子的浪荡生活》,他把自己苦难漂泊的一生,用无愁来概括,事实上他的一生都是苦过来的,不过,他还是用无愁来表达。这充分展示了他笑对人生一切苦难的精神。对于他的自传,我们期待着。

逐梦箴言

在困难和挫折面前,我们即要有勇气面对,也需要用智慧思考,更需要一种乐观向上的精神。

知识链接

册页

是书画作品的一种装裱形式,也是我国古代书籍装帧传统形制中的一种。册页装由最早的卷轴装、经折装过渡发展而来。书画册页在宋代受书籍册页装影响而出现。作为一种书画小品,其尺幅不大,易于创作,易于保存的特点深受书画家和收藏家的喜爱。

■ 刘海粟的"墨色人生"

有"艺术叛徒"之称的艺术大师刘海粟曾经历过一段墨色人生。14岁时刘海粟便已在上海周湘主持的背景画传习所学习西洋画。1910年他回乡办图画传习所。1912年，17岁的他与朋友在上海创办现代中国第一所美术学校"上海国画美术院"并任校长。他办校倡导"美育救国"方针，提倡中西融合的新美术运动。并开历史先河于上海美专增设人体写生课，聘男孩为裸体模特儿。1917年美专举办展览会，陈列人体习作，某女校校长看后谩骂："刘海粟是艺术叛徒，教育界之蟊贼！"一时舆论界纷纷扬扬，群起攻之。面对舆论围攻，刘海粟却泰然处之，后来干脆以"艺术叛徒"的称号自励。三年后，美专又聘裸体女模陈晓君，令当时的中国哗然！裸体女模第一次出现在中国画坛，有人说："上海出了三大文妖，一是提倡性知识的张竞生，二是唱毛毛雨的黎锦晖，三是提倡一丝不挂的刘海粟。"江苏省教育会也下令禁止使用模特儿。刘海粟闻知急忙给江苏省教育会写公开信为模特儿申辩。谁知信件不但未起作用，教育会反而在《申报》发表呈请当局严惩刘海粟的文章。刘海粟不屈不挠，立即写文章反驳。遭到上海总商会会长兼正俗社董事长朱葆三发难，在报上公开骂刘海粟"禽兽不如"。而且在一天夜里，上海美专画室被一伙流氓捣毁。报纸舆论令当时的大军阀孙传芳也对刘海粟甚为恼怒，下密令通缉刘海粟，并电告上海领事团，交涉封闭地处法租界的美专，缉拿刘海粟。急得刘海粟的老师康有为一天三次跑到美专，劝他离开上海。可刘海粟却坚守美专不离寸步。

刘海粟非常欣赏生前潦倒、死后荣耀无限的荷兰大画家凡·高,称凡·高为"艺术叛徒",并说:"非性格伟大,决无伟大人物,也无伟大的艺术家。"虽然局势严峻,他被骂为"艺术叛徒",又遭当局的通缉,但却得到了蔡元培等一批进步优秀学者的鼓励和支持。这让他更有勇气和决心面对来自各方的非议与威胁。他发出反抗的呼声!坚定地说:"我刘海粟为艺术而生,也愿为艺术而死!我宁死也要坚持真理,绝不为威武所屈!"表明其追求艺术绝不向世俗妥协的决心。对此事法国总领事认为刘海粟无罪,所以并不逮捕他,后来领事馆为了给孙传芳台阶下,在报上登了条消息,说孙传芳严令各地禁止模特儿,前次刘海粟强辩,有犯尊严,现已停止模特儿。就这样虽然模特事件告一段落,刘海粟却从此名扬全中国。

刘海粟还起草《野外写生团规则》,带学生到杭州西湖写生,打破了关门作画的传统教学规范;他还在美专招收女生,开中国男女同校之先河。他在现代美术教育史上创造的数个"第一",至今仍有意义,而且这种意义已超出美术史和教育史本身,反映中国社会告别传统走向现代的曲折里程。

刘海粟深受蔡元培倡导"美育"的影响。当年他创办"上海图画美术院"时,就确立"美育救国"办学指导思想。他曾说:"救国之道,当提倡美育,引国人以高尚纯洁之精神,感其天性之真美,此实为根本解决的问题。"他认为:"在残酷无情、干燥枯寂的社会里,宣传艺术是自己之责任,艺术能救济民族烦苦,惊觉一般人的睡梦。"他把美术的作用与国家的兴亡和人民的觉醒以及自己的责任联系在一起,这样一种强烈的与爱国主义相结合的美术思想以及刘海粟的精神很值得我们敬重。

刘海粟走过的道路布满荆棘和坎坷。民国初期为确立模特儿在美术教育中的地位,他勇敢地同封建势力、官僚和大军阀作坚决的斗争。在抗战时期,他不顾危险去南洋为抗战筹赈,辗转印尼和新加坡进行义卖和抗日宣传,他教育新加坡华桥青年:"吾人论人格,不以人为标准,以气节为标准,不论何人,凡背叛民族,不爱国者,必须反对,气节乃中国人之传统精神!唯有气节者,能临大节而不可夺。"他要大家学习梅花在大风雪中不变色的品格。他曾在印尼被日寇捕获险些丧命,汪精卫要他当教育部长,被

他断然回绝。因为他在南洋数月未归,对家庭失去照顾,以至妻子伤心弃他而去。虽然家散妻离,但他回国后却依然领导学校师生与日伪进行斗争。他教导师生"读书不忘爱国,不向伪教育部登记,不理会来文表格,不受节制,不参加集会,不领取配给米";为学校的生存,他以自家房契作押,贷款解决学校开支,还卖掉大量画作获得经费解决学生生活。上海学生"反美扶日"大游行中,美专进步学生被国民党特务抓捕,他挺身而出设法营救。上海解放前夕,国民党匆忙撤退,有人劝他离开上海,他却为学校、为美术教育事业听从周恩来的话留了下来。1952年院校调整,上海美专并入华东艺专,他把苦心经营40年的学校义无反顾地献给国家,并担任华东艺专的校长。

刘海粟于美术实践中,始终坚持"发展东方固有艺术,研究西方艺术,从创新中得到美的统一"的思想,坚持"融合中西以创新",领导着中国新美术运动发展的方向。面对社会各时期的各种思潮风气,他始终反对艺术"全部西化"。他说:"既要有历史眼光,纵览上下二千年的画论画迹,又要有囊括中外的眼光,凡属健康向上可以吸收的东西,都要拿过来,经过冶炼升华,作我们民族艺术的血肉,对古人和外国人都要不亢不卑,冷静客观,要厚积薄发,游刃有馀,随心所欲不逾矩,达到自由和必然统一的境界。"他的油画极富国画内涵,主题突出、线条明快,融国画笔墨,彰显诗意,别具一格。而他的国画,以传统章法和笔墨,融合油画的质感和技巧,使国画出现新的突破。

刘海粟一生都摆脱不了命运的羁绊,反右期间因为给学校领导提意见被打成右派,文革中又因家里抄出有关江青的旧报纸被打成反革命,但这一切都没动摇他"美育救国"的信念。

刘海粟的名字叫槃,这是一个多么凄美的名字,凤凰涅槃,浴火重生。这个名字仿佛昭示着他的一生必将与各种坎坷苦难抗争。刘海粟曾说:"人生的道路不可能一帆风顺。坎坷固然毁灭过人,也造就过很多强者。在严峻的岁月中,和人民同甘共苦,总会得到课堂里所学不到的真知识。个人幸福必须从属于整个民族的幸福。""生命的价值并不在于时间的长短,而在于是否利用了这有限的生命,去为自己的民族创造物质与精神财富。"他

顽强拼搏的一生完美体现了他的美好愿望。

刘海粟一生倾80余年从事美术教育和创作,对中国画、油画、书法、诗词和艺术理论都有精深造诣,且学贯中西、艺通古今,勇于探索,不断创新。他擅山水、花鸟、走兽,喜作泼墨泼彩;画风豪放奇伟,苍莽劲拔,醇厚朴茂,风格自成一家,在国内外享有盛誉。1929年他的国画《九溪十八涧》连获国际展览会荣誉奖、比利时独立百年纪念展览会荣誉奖。作品《卢森堡之雪》为法国亦特巴姆国家美术馆收藏。1938年他完成了80万言的巨著《海粟丛书》六卷。他曾在世界各地及全国举办画展。并曾历任南京艺术学院院长、名誉院长、教授,上海美术家协会名誉主席、中国美术家协会顾问、全国政协常务委员会委员。英国剑桥国际传略中心授予他"杰出成就奖"。1981意大利欧洲学院授予"欧洲棕榈金奖"。出版《刘海粟画集》《刘海粟油画选集》《刘海粟国画》《学画真诠》等,取得了杰出成就。

纵观艺术大师们经历过的苦难岁月,仿佛验证了一句话:苦难是任何一个杰出人物的命运! 只有用百折来回的毅力,不屈服于苦难,才能百炼成钢。

逐梦箴言

大凡一个人走向成功,都必得经历重重磨难和考验。通往成功的道路从来没有坦途可寻,一定会有数不清的荆棘丛生,坎坷不堪,崎岖不平,泥泞乃至陷阱。只有勇敢的人才会冲破重重阻碍,最终达到胜利的彼岸.

知识链接

泼墨

中国画的一种技法。用水墨挥洒在纸上或绢上,随其形状进行绘画,笔势豪放,墨如泼出。如泼墨山水。

智慧心语

三军可夺帅也,匹夫不可夺志也。

——孔子

虽体解吾犹未变兮,岂余心之可惩。

——屈原

因为你,虽饱经忧患,却没有痛苦,以同样平静的态度,对待命运的打击和恩宠;能够那么适当地调整感情和理智,不让命运随意玩弄于股掌之间,那样的人才是真正幸福。

——莎士比亚

好好用功,少发脾气,要忍耐。

——芥川龙之介

我要做的只是以我微薄的绵力来为真理和正义服务。

——爱因斯坦

我的未来不是梦

黄永玉作品

第九章

品格高尚 魅力永存
高尚人格赐艺术以永恒

徐悲鸿与马

◦导读◦

　　艺术是纯粹的，高尚的。不允许任何的投机、专营、取巧。艺术家对艺术无私的奉献和热爱，对艺术高度负责的精神，形成高尚的人格从而赐予艺术不朽的生命力。中国画这一艺术形式讲求笔墨技巧、内涵修养。中国绘画的精神，崇尚心性，由心而发，作品的灵魂直达作者的人格魅力。古今画家无不把画面的道德意识融入作者人格，把画面所再现的看成作者人格的再现。不管花卉、山水、工笔还是写意，都是由笔墨交织而成的心声。中国画是用书法的形式写出来的，因而有"人格即画格，画品即人品"这样的概括。

吴冠中

■ 烧画捐画的吴冠中

一代大师吴冠中个性极强,对任何事都讲求认真,对艺术始终怀着高度负责的态度和精神。他一生极其崇尚鲁迅,视鲁迅为精神之父,并谨严其行。这表现在他对自己作品的严格要求上,他一生中上演了数次烧画事件。上世纪 50 年代他创作了一组井冈山风景画,多少年后翻看,感到不满意,于是一把火烧毁。"文革"初期,他又把回国后画的几百张作品全部烧掉。1991 年 9 月,吴冠中再次整理藏画,又一次将不满意的几百幅作品全部烧掉!对吴冠中的烧画行为,许多人称是在"烧豪华房子"。面对舆论,吴冠中却淡定地说自己只是想保留让明天的行家挑不出毛病的画。其严谨之风完全是鲁迅精神的传承。

除了烧画,吴冠中对仿伪之作也不停地做斗争,直至对簿公堂。1993年 11 月,74 岁的吴冠中状告两家拍卖公司拍卖《毛泽东炮打司令部》伪作侵权,要求对方停止侵害、公开赔礼道歉。言明"艺术家应对历史负责、对未来负责。"2008 年 7 月,北京翰海拍卖公司拍卖其油画《池塘》,他辨认后在画作中大笔一挥:"此画非我所作,系伪作"。2009 年,香港佳士得拍卖其作品《松树》,他现场指证伪作,并告诫大家:"现在拍卖行所拍的假画都编了很多故事,那都是不能听的,假画就是假画。"

吴冠中一生热衷于捐赠,义薄云天。2006 年 9 月,87 岁高龄的吴冠中将油画长卷《一九七四年·长江》及水墨画《江村》《石榴》三幅作品无偿捐赠国家,永久珍藏于故宫博物院。

我的未来不是梦

157

逐梦丹青

吴冠中与新加坡有深厚渊源。2008年9月,89岁的吴冠中将113幅作品,价值约6600万新元的画作捐给新加坡美术馆,在中国和新加坡引起很大反响。

2009年6月,吴冠中将5幅水墨作品《朱颜未改》《休闲》《幻影》《梦醒》和《巢》赠给香港艺术馆作永久收藏。

2009年底,吴冠中将56件力作和16件珍贵收藏品捐给浙江母校。作品连续数月在浙江美术馆展出,感动了万千观众。

吴冠中晚年,眼见自己画作在拍卖市场上行情越来越高,却义无反顾将作品捐赠给各大美术馆。因为他清醒地认识到:自己的作品越是下一代才越理解。所以他要让自己的作品尽可能地留下来,留在美术馆,留给后代后世。

吴冠中的画作在中国拍卖史上屡创奇迹。其油画《北国风光》经嘉德国际拍卖公司以2700万人民币拍出,所得款全部用于桑梓助学基金会资助特困大学生就学。这幅画作是吴冠中当年为北京首都国际机场所绘的大型壁画画稿,描绘了气势磅礴的北方自然景象,是技法融合中西的典范,极为珍贵。

2011年6月,保利拍卖"现当代中国艺术吴冠中重要绘画作品展",《狮子林》以5000万元开拍,最终成交额达1.15亿元,刷新了中国现当代艺术和画家个人作品拍卖纪录。吴冠中也成为中国大陆第一位单件拍品过亿元的现当代艺术家。

2011年11月在北京艺融国际拍卖有限公司2011年秋季拍卖会"生命之流——吴冠中《长江万里图》"专场上,《长江万里图》以8000万元起拍,经过15轮竞价,最终成交价1.495亿元,再次刷新了其单幅作品拍卖纪录。

吴冠中是中国当代画家中画价最高的,可是大众所关心的画价变化,恰恰是他最不关心的。画作价值连城,他本人却生活简朴,不尚虚华。他住在方庄一处老居民楼内,在那里人们都知道他是一位了不起的大画家,经常会看到他和老伴在小区院子里悠闲地散步。吴冠中的家是个小四居,

一入客厅就可以看出主人生活上的简朴，没做装修，家具也都是老式的，就像寻常人家。唯一不同的是房间内一些艺术品让这个家充满了艺术气息。吴冠中剃头从不上理发店，经常在地摊处简单处理了事。他的穿着更是简朴，脚上长年一双运动鞋。他对物质生活的追求是低点，可对艺术创作的追求却永无止境！

吴冠中一生捐出作品数以千计，他以无比高尚的精神践行对鲁迅精神的传承，对社会责任的承担。因为在他看来，走上艺术的路，就是要殉道。要做好艺术，还需要承受痛苦。他常对热爱艺术的年轻人讲："热爱美术是好的，可以增加各方面修养，但要成为画家、艺术家不那么简单，没那么多人都成为艺术家。因为，成为艺术家的条件太复杂了，除了要功力，还要经验，更要痛苦。没有痛苦，不容易培养人。"吴冠中在晚年曾作过一幅油画《苦瓜家园》，他说："苦，永远缠绕着我，渗入心田。"

吴冠中认为，艺术市场受诸多无法回避的因素影响包括人际关系、利益包装、经济沉浮等。市场价格高不一定是好事。价格低也不必沮丧。艺术品的优劣与否，需要经受住历史的考验，由后人去评判。因此他说："艺术是自然形成的，时代一定会有真诚的挽留和无情的淘汰。艺术市场是一面镜子。但上帝只会关照一心去创作的画家，而不是光照镜子的人。"

2010年6月26日，清华大学发出讣告：我国杰出艺术家、艺术教育家、中国共产党党员、第八、九、十届政协常委、中国美术家协会顾问、法兰西学院艺术院通讯院士、香港中文大学荣誉文学博士、清华大学教授吴冠中同志，因病医治无效于2010年6月25日23时57分在北京逝世，享年91岁。遵照吴冠中生前遗愿，不举行遗体告别仪式，不开追悼会；清华大学将举行吴冠中教授追思会。

大师辞世，仿似巨星陨落。来时静静地来，走时也要静静地走，只把一切美好留在人间，这该是吴冠中一生所真正追求的境界吧。虽然生命不再，但吴冠中留给我们的奇迹还在，艺术还在，且因为他的伟大高尚之精神，他所留下来的艺术作品必将不朽，永远在艺术的长河中闪烁光芒。

我的未来不是梦

　　人品如画品,画品亦人品。画家以高尚品格作用于画作,使画作充满无穷的艺术感染力,从而也使作品有了生命,具有一种永恒的不朽的精神力量。而这种力量可以穿越时间、空间,可以穿越灵魂,可以穿越世间的一切,到达凡人所无法企及的彼岸。创造让人难以置信的奇迹!

知识链接

长卷

　　中国画装裱体式之一。属横幅的一种也称"手卷"、"横卷"。将字画装裱成长轴一卷称为长卷。

徐悲鸿与马

　　国画大师徐悲鸿爱马,更爱画马,并以马喻情,抒发爱国情怀。他笔下的马精神抖擞、豪气勃发,独有"一洗万古凡马空"之意态。他一生所画奔马无数,现今许多成为艺术珍品。比较著名的《奔马图》作于 1941 年秋季。当时,抗日战争正处相持阶段,日军想在发动太平洋战争前彻底打败中国,故倾尽全力发动长沙会战,妄图打开南北交通咽喉。徐悲鸿当时正在马来西亚办艺展募捐,听闻国难当头,他心急如焚连夜画出六骏《奔马图》,抒发忧急之情。他用饱酣奔放的墨色勾勒头、颈、胸、腿等大转折部位,并以干笔扫出鬃尾,使浓淡干湿变化浑然。马腿直线细劲有力,力透纸背,有如钢刀;而腹部、臀部及鬃尾的弧线很有弹性,富于动感。画面前大后小,透视感强,前伸的双腿和马头有很强的冲击力,似要冲破画面。所画奔马极具神韵和气质,画中的马雄骏、矫健,不仅表现了马的精神和特质,更赋予画家的理想——为振兴民族艺术而奋斗!为画好这幅《奔马图》,徐悲鸿曾跟着六匹马奔跑,仔细观察马的神态、动作。最后把最精彩的片断画下来。1962 年春天,周恩来总理到宝光寺视察,看到这幅《奔马图》,赞叹不已,亲自量了画的尺寸后说:"这是我所见到悲鸿奔马画中最大的一幅,要妥善保存。"这幅六骏《奔马图》画高 3.26 米、宽 1.12 米,后来被列入国家一级文物。

　　徐悲鸿对马有一种偏爱。和马在一起,听着马蹄声声,看着马御风奔驰,便觉自己的心在和马一同驰骋。由于对马情有独钟,他也极善待爱马的人。早在 1934 年春,徐悲鸿到莫斯科国立博物馆举办画展。那天,展厅挤

得水泄不通。徐悲鸿在众人围观下从容地磨墨、铺纸、挥毫献艺。顷刻间，一匹奔腾的骏马便跃然纸上。高超的绘画技艺征服了观众，大厅里响起热烈的掌声。这时，一位身材魁梧的元帅走到徐悲鸿面前，彬彬施礼："徐先生，我能要这幅画吗？不然，我会发疯的！"元帅的诚意感动了徐悲鸿，他在画上挥笔题字相赠。元帅高兴得像打了胜仗，和他热烈拥抱，并大声赞道："徐先生，你不但是东方的一枝神笔，而且是世界的一枝神笔。你笔下的马，比我骑过的所有战马都壮美！"

有一次徐悲鸿和妻子廖静文在成都坐马车。马车夫是一位和善的老人。他爱马，马养得非常好。他举起鞭子在空中甩几下，那匹栗色的老马听了便欢快地向前奔跑。徐悲鸿喜欢这样善待马的人，下车后，他从包里取出昨晚才完成的一幅奔马图对马车夫说："这个给你。"马车夫没有听懂，疑惑地看着他。"老大爷，"廖静文在一旁解释，"这是一张画，送给你了。"马车夫一双混浊的眼睛陡然亮起来，双手接过画，连声道："谢谢老爷，谢谢老爷。"嘴里不停地道："我说今儿一早，一只喜鹊飞到窗上，我就想，兴许有啥子喜事要来，可是，我这个穷老头儿还能有啥子喜事呢？现在，真灵验啦！"告别马车夫，妻子问："先生，您为什么给马车夫一幅画呢？他都不知道您是谁，您是否过分慷慨了？"却听徐悲鸿回答："因为我爱马，也爱善待马的人。你看这个马车夫，他熟练地驾驭着马，都舍不得鞭打。他对马的爱打动了我的心，我很感动，何况他的生活很难呢！"听到这一席话，妻子的一颗心也被感动了。

徐悲鸿早期画马有着一种文人的诗意情怀。抗战爆发后，徐悲鸿认识到艺术家不应局限于自我意识中，应该与国家同呼吸共命运，将艺术创作投入到火热的生活中，所以他的马开始成为正在觉醒的民族精神的象征。

1932年，上海"一·二八"事变爆发，驻沪第十九路军与上海人民奋起抗日，徐悲鸿激动地画了匹昂首屹立的马，名为《独立》，表达希望祖国独立强盛的意识，使人振奋。1935年，徐悲鸿画《奔马》，题写"此去天涯将焉托，伤心竟爽亦徒然"，忧国忧民之情溢于言表。他的《嘶马图》，画了一匹马在荒野里奋跃前蹄，题"哀鸣思战斗，迥立向苍苍"的诗句，热切期望中华民族

觉醒,奋起自救。他借马的形象表达高尚的情操,他在艺术作品中所寄托的情思成为鼓舞人们前进的精神力量。

1949 年,新中国成立,徐悲鸿画奔马《奔向太阳》。抗美援朝战争中,他又为志愿军画《奔马》,还亲笔写了一封热情洋溢的信。徐悲鸿笔下的马从来不戴缰辔,可建国后《九方皋》画面上一黑色雌马,却例外地戴上缰辔,别人问为什么,徐悲鸿笑答:"马也和人一样,愿为知己者用,不愿为昏庸制。"

1953 年 9 月 26 日,徐悲鸿因劳累过度,脑溢血复发逝世,享年 58 岁。这一年他画了两幅极有历史意义的《奔马》,一幅献给毛泽东,题"百载沉疴终自起,首之瞻处即光明",表达对共产党热爱之情。另一幅题"山河百战归民主,铲尽崎岖大道平",表达心中对新中国的拥护理解,也是他毕生追求的理想。

马,在国人心目中是人才的标志、民族振奋的象征。徐悲鸿执着地画马,皆为尽抒胸臆,有感而发。因为马,最能反映他的个性,最能表达他的思想。他的马受到人们喜爱,除了他超凡的绘画功夫,更重要的是他倾注其中的感情,他将这种情感化作一种强烈的爱国精神,以马为载体表现出来,从而深深地感染着人们,感染着每一颗热爱艺术、热爱祖国的心。

按照徐悲鸿的愿望,妻子廖静文将徐悲鸿作品 1200 余件,以及其一生节衣缩食收藏的唐、宋、元、明、清及近代著名书画家的作品 1000 余件,图书、画册、碑帖等 1 万余件,全部捐献给国家。现在位于北京市西城区新街口北大街 53 号的徐悲鸿故居已被辟为"徐悲鸿纪念馆",集中保存展出其作品,"悲鸿故居"扁额为周恩来总理亲自题写。

2003 年,为纪念和弘扬徐悲鸿对中国美术事业的巨大贡献,设立了全国书画院系统最高美术奖项"徐悲鸿美术奖"。

逐梦箴言

优良品格是提升人生价值的标签。具有优良品格会收获他人的信任和倚重、支持和爱戴。所以，把自己的行为灌注善意和爱，这个世界就会用善意回报你！

知识链接

碑帖

俗称"黑老虎"，是一种有文化历史内涵、艺术品位和工艺加工三者相结合的艺术品。前人为了记述重要事件和隆重庆典等，把文学形式和书法家的手迹经过名匠刻手，刻凿在悬崖和石碑上，经过装裱成轴或册页，这样就成了碑帖。碑帖是碑和帖的合称，实际"碑"指的是石刻的拓本，"帖"指的是将古人著名的墨迹，刻在木板上或石上汇集而成。在印刷术发展的前期，碑的拓本和帖的拓本都是传播文化的重要手段。

■ 傲骨白石

一代国画大师齐白石，不但艺术成就为世人所叹服，而且人格也别具魅力，其傲、其痴、其谦堪称三绝。作为一位出身乡间，继承传统艺术，同时开启现代艺术的世界文化名人，他的人格和艺格带给后来者无限的创造空间和精神启迪。

傲骨如松的齐白石　齐白石漫长一生中，经历了前清王朝、北洋政府、国民政权、日寇占领各时期的官府统治，对他来说，这些官府衙门一个比一个腐败，一个比一个黑暗，令他一介草民避之唯恐不及。

齐白石对官场的不屑，应該缘于幼年时母亲的教诲。6岁那年，家乡白石铺来了一个小官僚，耀武扬威，那里的老百姓平常很少见到官老爷，都跑去看热闹。只有齐白石不屑一顾。母亲为此夸奖齐白石："好孩子，有志气！黄芽堆子哪曾来过好样的官，去看他作甚！我们凭一双手吃饭，官不官的有什么了不起！"齐白石晚年曾说："我一辈子不喜欢跟官场接近。母亲的话，我是永远记得的。"

齐白石40岁那年，去西安访贤会友，他的同窗、铁匠出身的张仲飏介绍他认识了陕西臬台大人、大诗人樊樊山。樊樊山非常欣赏齐白石的才华，亲自为他订了一张刻印的润例，还亲笔写好。樊樊山这样看得起齐白石，等于给他做了一个活广告，在臬台大人亲订亲书的润例面前，谁敢不老老实实照价付钱？张仲飏看出内里玄机，便鼓动齐白石去走樊臬台的门路。可齐白石不为所动，还对张仲飏人品产生怀疑。齐白石曾在一篇文章中道："我以为一个人要是利欲熏心，见缝就钻，就算钻出了名堂，这个人的人品，也可想而知了。因此，仲飏劝我积极营谋，我反而劝他悬崖勒马。仲飏这

样一个热衷功名的人,当然不会受我劝的,但是像我这样淡于名利的人,当然也不会听他的话。我和他,从此就有点小小的隔阂。"

樊樊山真心要帮这位才华出众的艺术家。本想进京后在慈禧面前举荐齐白石,慈禧喜欢绘画,一旦被她看中,也许能弄个六七品的官衔,当个内廷供奉。可齐白石却婉言谢绝:"我是没见过世面的人,叫我去当内廷供奉,怎么行呢?我一辈子就想卖卖画、刻刻印,凭着这一双手,挣个够吃够喝,也就心满意足了!"所以当他听说樊樊山从西安启程,便立马收拾行囊离京"逃"回老家。等樊樊山到达北京闻知他已经离开,才真正明白他的心思,叹道:"齐白石志行很高啊!只是性情有点孤僻。"

齐白石50多岁定居北京后,常有贪官污吏来软磨强索画作,令他不胜其烦。悍吏横行,民不聊生,他激愤在胸之余,便用诗画揶揄嘲讽那些大耳阔面、好作蟹行的官老爷以发泄内心不平。他画过一副《不倒翁》,样子滑稽万状,题的诗也令人拍案叫绝:"乌纱白扇俨然官,不倒原来泥半团。将汝忽然来打破,通身何处有心肝?"为避开官吏,齐白石把自家大门在里面加把锁,有人敲门,他先从门缝里看,然后才吩咐开门或谎称不在。使不少心怀图谋的人吃了闭门羹。

在齐白石心中,绘画是寂寞之道,必须心境清逸,不慕官禄,绘画技艺才能更趋精进。他一生刻了大量闲章,以示志趣情怀:"木人""木居士""大匠之门""芝木匠""白石山人""湘上老农""有衣饭之苦人""立脚不随流俗转""我行我道""自成家法""三百石印富翁"等等,无不明示其淡泊宁静之心。历朝历代,画而优则仕的人屡见不鲜。但齐白石傲骨一身,耻于从俗。不仅自己布衣一生,严格求子孙也这样,还刻了一方"白石书屋不出公卿"的印章告诫子孙不要混迹官场。

齐白石曾以诗铭志:"何用高官为世豪,雕虫垂老不辞劳。夜长镌印忘迟睡,晨起临池当早朝。啮到齿摇非禄俸,力能自食非民膏。眼昏未瞎手犹在,自笑长安作老饕。"他于艺海中遨游,从晚清一路走来,穿越了民国的沼泽,纵览无穷世象,仍然傲对强梁,处身清白,自食其力,那种宁静淡泊、不受玷染的情操和自由自在的胸怀,令人敬重,感怀在心。

更令人钦佩的是,齐白石在国难当头、外敌入侵的关键时刻表现了刚直不阿的凛然气节。日军侵华北京沦陷后,齐白石便闭门不出,很少见客。

他在日本名声很大,很多日伪高官为得到其画作和印章,想方设法接近他,请他赴宴,给他送礼,举办各种"盛典"。可齐白石一概回绝,任其枉费心机。为避开日本人纠缠,他开始托病在家门上张贴各种"谢客"便条:"白石老人心病复发,停止见客!"可这样一来全家生计成了问题。无奈,字条补上一句:"若关作画刻印,请由南纸店接办。"没想又给那些别有用心者提供可乘之机。于是,他干脆直言:"画不卖与官家,窃恐不祥!"还附一段白:"中外长官,要买白石之画者,用代表人可矣,不必亲驾到门。从来官不入民家,官入民家,主人不利。谨此告知,恕不接见。"有给日本当翻译的,狗仗人势,登门强讹索画,齐白石便气愤地贴出告示:"与外人翻译者,恕不酬谢,求诸君莫介绍,吾亦苦难报答也!"

在中华民族饱受外辱的岁月里,这些字条体现了齐白石刚正不阿,大义凛然,清流自守的民族气节。日本人曾气得将他抓起来,但最终担心落得迫害艺术家的罪名不得不将他释放。

1943年,日寇侵华第6个年头,齐白石天天在忧闷中过着苦难的日子。他已经80多岁,再无力气跟日本人周旋。于是,他断然贴出一张最后告示:"停止卖画"!从此,无论哪方面介绍来的,一概谢绝不画。一位终生靠卖画生存的老画家,做出这样的决定要付出多么巨大的勇气和代价!

朋友知道齐白石不再卖画,担心他的生活,来信问候,他却以诗言志:"寿高不死羞为贼,不辞长安作饿殍。"表示宁可饿死,也决不向外强屈服!停止卖画的时日,齐白石曾写诗题友人的山水画卷:"对君斯册感当年,撞破金瓯国可怜。灯下再三挥泪看,中华无此整山川。"在给家人的一幅《鸬鹚舟》上,他写道:"大好河山破碎时,鸬鹚一饱别无知。渔人不识兴亡事,醉把扁舟系柳枝。"

齐白石晚年曾对自己一生艺事做出排序,他认为:"我的诗第一,印第二,字第三,画第四。"对于这样的总结,只有当你读过那些悲愤交集的诗句,你就会理解为什么他对自己的诗如此的看重,因为那都是他的血泪心声!

齐白石曾应林风眠之邀,在北平艺术专科学校担任教授。可日本人一进京,他却辞职归家。在他停止卖画、生活无着的时日,被日本人接管的学校曾通知他去领配给的取暖煤。煤在当时是紧俏物资。可他一眼便识破在这取暖煤背后的阴险图谋,当即给校方写了回函:"顷接艺术专科学校通知

我的未来不是梦

167

条,言配给门头沟煤事。白石非贵校之教职员,贵校之通知误矣!"事后他说:"我齐白石又岂是没有骨头、爱贪小便宜的人,他们真是错看了人哪!"

在大是大非面前,齐白石永远是一个傲骨铮铮的汉子。

痴如顽石的齐白石　齐白石不仅傲得很,痴得也甚可爱。这当然表现在他对艺术的执着痴迷上。齐白石喜欢画螃蟹,也喜欢吃螃蟹。一次夫人做了螃蟹,吃饭时,他忽然停箸,敛气凝神地盯着盘中螃蟹,若有所思。夫人见状惊问何故,他如梦方醒,把蟹腿指给夫人,眉飞色舞道:"蟹腿扁而鼓,有棱有角,并非常人所想的滚圆,我辈画蟹,当留意。"夫人素知他痴,懒得去数落,罚他吃掉整只螃蟹。更玄的是齐白石让弟子侍画时,常出其不意地拿一些怪问题考问人家:"虾背从第几节弯起?""螳螂翅上的细筋有多少根?""牡丹的花蕊和菊花的花蕊有什么区别?"弄得弟子们不知无措,可他却能娓娓道来,且如数家珍。

虚怀若谷的齐白石　都说同行相轻是文人之通病,然而齐白石却不同。他的盛名誉满华夏,可他对前辈画家和同辈画家都非常谦恭,再现一位大师应有的谦逊风范。齐白石特别讲求继承传统,转学多师,他最欣赏最喜欢的画家有徐渭、石涛、八大山人、黄慎、吴昌硕等人,都属于艺术个性鲜明,反对墨守成规,别开生面的丹青巨擘。齐白石骨子里虽十分高傲,对这几位先辈画家的成就却深深景仰,尤其推崇徐渭(青藤),八大(雪个)和吴昌硕(缶庐)三人,他曾写过这样一首诗表达他对三位大画家的崇拜之情:"青藤雪个远凡胎,老缶衰年别有才。我欲九泉为走狗,三家门下转轮来!"无独有偶,愿作徐青藤门下走狗的,齐白石不是第一人,清初大画家郑板桥曾刻一印,印文为"徐青藤门下走狗郑燮"。齐白石则不仅要作青藤门下的"走狗",还要作八大山人与缶庐门下的"走狗",轮值于三家门下,也心甘情愿。足见其谦恭胸怀!齐白石对同时代的画家也尊重有加,他常以一句话来自律:"勿道人之短,勿说己之长,人骂之一忘,人赞之一笑。"正是这种谦逊和宽容,使他和同时代的许多画家保持着深厚的友情。他对以画马著名的徐悲鸿很钦佩,常对人说:"悲鸿是我多年的知己,他做人画马冠绝当世,我佩服之至!"

齐白石晚年以其诗、书、画、印"四绝"闻名于世。成为20世纪我国十大画家之一,世界文化名人。他的画深受世界各国人民的广泛喜爱。

第九章

品格高尚魅力
永存高尚人格
赐艺术以永恒

逐梦箴言

追求艺术要讲修为，个人的品德修养极其重要。很多大师提出：要想画好画，先要做好人！修为到了，境界也就达到了，艺术的魅力自然也就达到了。心灵纯洁和高尚的画笔必然能画出灵动的画，就像心灵纯洁的诗人必然能写出清清朗朗的诗一样！一切皆由心生。

知识链接

徐渭

诗人、画家、书法家、军事家、历史学家、戏曲家、旅行家、民间文学家，也是美食家，酒徒，号狂禅居士、青藤道士。与解缙、杨慎并称"明代三大才子"。徐渭生性狂放，性格恣肆，在书画、诗文、戏曲等方面均获得较大成功。他的写意水墨花鸟画，气势纵横奔放，不拘小节，笔简意赅，用墨多用泼墨，很少着色，层次分明，虚实相生，水墨淋漓，生动无比。传世作品有《墨葡萄图》轴、《山水人物花鸟》册（均藏北京故宫博物院）、《牡丹蕉石图》轴，以及晚年所作《墨花》九段卷（现藏北京故宫博物院）等。

八大山人

朱耷（约1626年—约1705年）明末清初画家，明朝宗室。号八大山人，又号雪个、个山、入屋、驴屋等，入清后改名道朗，字良月，号破云樵者，汉族，南昌人。明亡后削发为僧，后改信道教，住南昌青云谱道院。绘画以大笔水墨写意著称，并善于泼墨，尤以花鸟画称美于世。在创作上取法自然，笔墨简炼，大气磅礴，独具新意，创造了高旷纵横的风格。他的大写意花鸟画受徐渭影响，以简洁孤冷的画风，而自成一代宗师。朱耷的画作在东方尤其在日本备受推崇，并在世界画坛引起了很大的反响，如《孔雀竹石图》《孤禽图》《眠鸭图》《猫石杂卉图》等。

我的未来不是梦

■ "千军为扫万马倒"

　　1937 年的北平处在日军占领下。画家黄宾虹辞去北平古物研究室导师及北平艺专教授之职，开始蛰居京城，整日闭门著述，研习画艺，从事艺术实践和艺术理论研究。对于日寇侵华，他无比痛恨，所以坚决不做日寇统治下的顺民。1940 年，北平伪文物研究会欲推举他为美术馆馆长，他坚辞不就。1943 年，日本人想利用他 80 大寿之机举行"庆寿会"，甚至专门为他摆好了筵席，他不但拒绝到会，还把江南的凤尾竹移栽到北京司马府住处院内，把画室命名为"竹北移"，借以激励自己和国人要像竹子一样有气节。1945 年抗战终于胜利，他兴奋地说自己"无异脱阶下之囚"，从此作画特勤奋。并欣然复任北平艺术专科学校教授，虽然已是 83 岁高龄，但仍然每周策杖前往，从不间断。

　　作为一位早学晚熟的大画家，黄宾虹能诗文，善书法，兼治金石文字、篆刻之学，精鉴赏，也作花鸟草虫，且都有建树。多才多艺的黄宾虹人格高尚，从不以声誉为个人谋取名利。他认为"中华大地，无山不美，无水不秀，"故其作画是以画寄情，以情报国。1949 年全国解放时，他不顾 86 岁高龄，仍出任中央美术学院民族美术研究所所长和中央美术学院华东分院教授之职，并被选为中国人民政治协商会议第二届全国委员会委员、中国美术家协会理事和华东分会副主席。89 岁时，黄宾虹因患白内障双目视力急剧下降，读书和写作只有借助于放大镜。然而就在这段患眼疾的时间里，画家的艺术和思想却臻于化境，形成一种黑墨浓重、浑厚华滋的风格，成为近代山水画的一代大师。90 岁时，黄宾虹割除了白内障，双目复明，兴奋之余，作画更多。在他 90 寿辰时，华东军政委员会文化部颁发荣誉奖状，授予他"中国人民优秀的画家"荣誉称号，称他为现代画坛上成就卓著的

一代宗师、新安画派的后起之秀。他热爱祖国，不媚古人，不落俗套，为继承绘画传统、弘扬民族艺术做出了卓越贡献。90岁时他因患胃癌住进医院，就在病重不能握笔时，他还用手指在被上点点画画，说是在画山水、画梅花。1955年3月25日凌晨，黄宾虹因医治无效，在杭州与世长辞，享年92岁。黄宾虹去世后，家属秉其遗愿将所藏书籍、字画、金石拓本以及自作书画、手稿等1万余件全部捐献国家。如今在其栖霞岭故居，国家为之建立了"画家黄宾虹纪念室"。

"一生九十笔愈老，千军为扫万马倒"。为纪念这位伟大的人民画家，邮电部发行一套《黄宾虹作品选》特种邮票。这套邮票共6枚，其中4幅山水画除黄宾虹早期作品《山水》外，《西泠远望》《青城山中坐雨图》《设色山水》都是气势磅礴的代表杰作。另有书法和《点染写花》两幅，展示了大师作品笔精墨妙深邃高雅的意境。1996年4月5日，邮电部在黄宾虹故乡歙县举行了《黄宾虹作品选》特种邮票首发式。当天，古城歙县购买这套纪念邮票、纪念封、首日封的人争先恐后、络绎不绝，盛况空前，表达了家乡人民对这位画坛巨擘的敬仰和怀念。

逐梦箴言

有句话说得非常好，你如何对待你的人生，你的人生便会如何对待你！

知识链接

浅绛山水

山水画的一种。在水墨勾勒皴染的基础上，敷设以赭石为主色的淡彩山水画。画法特点素雅淡，明快透澈。

设色，注重物象的固有色及固有色明暗的变化，不追求光影效果。在熟宣纸或绢上进行。从配彩上可分：墨彩、淡彩、粉彩、重彩。具体着色方法有：渲染（又分单色渲染、淡彩渲染、重彩渲染）、平涂、罩染、统染、立粉、积水、没骨点写、烘托等。

■ 皎洁清辉关山月

　　著名画家关山月是岭南画派代表人物。他品高德重，令人敬仰。抗战时期他到各地举办画展常常忍饥挨饿，有海外商人欲重资购其画作，可他却从不卖画给外国人。1944 年冬，美国一位新闻处长愿出高价收购近百幅敦煌临画，被他婉言谢绝。他不卖画给外国人，却常进行义卖：1981 年，关山月在香港义卖一幅精品红梅 60 万港元，捐资香港培侨中学修建校舍；1990 年，他将多年创作的稿费，捐给广州美术学院设立了"关山月中国画教学基金"；1991 年，江苏等南方七省市遭受百年水灾，关山月先后捐画义卖，筹款 50 万元。有一次，广州美术学院一学生病情危急，在学校内筹募善款用于换肾；关山月得知后，直接向医院提出以画换肾，用他的画偿还学生的全部手术费用。

　　关山月在自己女儿的私事上一向"铁面无私"。20 世纪 60 年代，女儿关怡响应知青下乡号召被安排到中山农村。当时很多有地位的人都通过关系，将子女留在城里，不去农村受苦。关山月却鼓励女儿到农村参加劳动实践。临行前，他执笔为女儿画了幅人物像：一旁行李已打包好，戴大红花的关怡怀抱毛主席语录在沉思。作品名为《听毛主席的话》。于是，18 岁的关怡赤着双脚到农村围垦造田劳动了两年。1978 年，广东画院恢复，关山月任院长。女儿关怡也受聘到画院工作。可是，凡有女儿参加的比赛，关山月都"避嫌"，拒绝担任评委。一次，画院三个美术师竞争二个评优名额，关怡也在其中。关山月就直接嘱咐女儿弃权，为另外两人让出机会。

　　关山月与妻子李秋璜相濡以沫，忠贞相扶携走过半个世纪。他们在1935年结为夫妻，当时关山月任教员，李秋璜是班里成绩最优秀的学生，但缴不起学费，常有轻生之念。关山月便关心劝慰，还求学校食堂负责她三餐。李秋璜心里感激，便经常帮其打扫清洗。就这样两人越走越密，最后在朋友撮合下结成连理。当时关山月收入拮据，一席简单的婚宴还是在朋友们帮助下举行。可婚宴上新娘迟迟不肯露面，因为家里只有两件破旧衣衫，洗一件，穿一件，新娘没有体面衣服不敢上酒席，就只有新郎参加。此后一生李秋璜都在默默地为关山月操劳。1943年，关山月携李秋璜赴敦煌临摹壁画。在幽暗的洞窟中，关山月成功临摹了七十余幅珍贵的壁画，都靠李秋璜一路举着油灯来照明。

　　关山月对发展弘扬广东美术及岭南画派做出了卓越贡献。尤其是1959年，关山月与傅抱石合作了《江山如此多娇》后，进一步扩大了岭南画派和广东美术在全国的影响，让广东美术与京津、江浙两地成三足鼎立之势。对于这幅巨画，当时毛泽东提笔写了四幅"江山如此多娇"，并谦虚地说："仅供选择。"毛泽东有个习惯，自己认为写得很好的字就会在字上面画圈圈，最后大家选出了圈圈最多的字，组合起来放大到巨幅山水画《江山如此多娇》上。有一幅送给关山月作为纪念。1977年，关山月无私地将毛泽东这幅题字原件捐赠给中共中央办公厅。关山月一直关心着广东美术及岭南画派的发展建设，由他牵头促成了广东一系列展馆的建设。包括岭南画派纪念馆、高剑父纪念馆、陈树人纪念馆、十香园共4大展馆的建成，改变了广东无岭南画派纪念馆的局面。建馆资金遇到困难时，关山月多次捐出画作，还呼吁各方捐赠。在广东艺博院，他捐赠150多幅字画。关山月的一生对广东和广州美术教育的发展有着深远影响。从1946年起，他在广州任教于尊师高剑父原春睡画院基础上创办的南中美术专科学校。后任广州市立艺专中国画科主任、教授。1958年起，又担任广州美术学院教授、副院长兼中国画系主任等，后任广东画院院长等。逾半世纪，关山月都执教于广州，以孜孜不倦的探索精神和所取得的突出艺术成就成为中国画坛不可缺少的人物，为推动岭南画派建设做出了重大贡献。

我的未来不是梦

　　艺术家需在永无止境的艺术道路上苦苦追求，奋斗不息，以鲜明的艺术特色和个人魅力完美结合，才能成就一番事业。

知识链接

人物画

　　绘画的一种。以人物形象为主体的绘画。中国的人物画，简称"人物"，是中国画中的一大画科，分道释画、仕女画、肖像画、风俗画、历史故事画等。人物画力求人物个性刻画逼真传神、气韵生动、形神兼备。所谓传神，就是把对人物性格的表现，寓于环境、气氛、身段和动态的渲染之中。

泰戈尔像 涂悲鸿

爱国艺术家李可染

　　李可染是现代中国画坛上备受推崇的大家，在现代画史上占有重要地位。做为一名爱国艺术家，1937年李可染组织领导徐州美专学生宣传抗日，办《抗日画报》。抗战宣传画激发了青年李可染的创造力，他构思敏锐，落笔大胆迅捷，当时他一人创作起稿，同时有7位学生跟着上色、书写美术字标题。然后由青年学生们张举游行，协同抗战文艺宣传队，在城乡巡回展示。那时候文艺宣传队演到哪里，抗战宣传画展就办到哪里，互为配合，轰动城镇，观者如潮，起了唤醒民众齐心抗战的宣传效果。

　　1937年"七·七"事变，兵家要地徐州已是炮声隆隆，硝烟弥漫，南北交通断绝。为深入持久地从事抗战宣传，李可染绕道西安，向西南转移。在由武汉经长沙、桂林辗转重庆途中，常由美术开路，画笔打先锋，李可染是最得心应手的画家之一。当时宣传画出现在城乡墙壁上，戏剧演出队、歌咏队随后便出现在街头。控诉日本侵略军破坏和平的罪行，号召送棉衣给前线，呼吁援助挨饿受冻的难民同胞，反妥协、反投降、反对做顺民当汉奸，歌颂抗战英雄，成为宣传画的主旋律。李可染画作《敌人被打得焦头烂额了》，笔下鬼子兵的狼狈相成为日军典型形象。后来许多街头演剧队，化装鬼子兵，竟都以此画中的形象为蓝本，其造型特点之鲜明、影响之大，由此可知。

　　李可染曾在周恩来、郭沫若领导下到武汉等地画宣传画，开展抗日活动。这位后来饮誉中外的山水画大师，在青春岁月里，曾用近十年的时光，

我的未来不是梦

以饱满的热情、激昂的斗志投身抗战事业。他忘我地作画，创作了多种形式的宣传画，至少200余幅。在世界美术史上形成一种罕见的、特殊的文化奇观。作为一名爱国艺术家，他的胸中跳荡着一颗无比热烈的赤子之心。

1949年新中国成立，举国欢欣。毛泽东诗词成为许多艺术家的创作题材。许多画家纷纷画秋山红叶，美术史称之为"红色山水"，赋予政治含义和时代特征。李可染于1962年至1964年间，以毛泽东《沁园春·长沙》名句"万山红遍，层林尽染"为主题创作了七帧画作，每件作品之尺寸、章法和景观不一，但基本格局相同。较大一帧《万山红遍》高131厘米，宽84厘米，甚具收藏价值。此作画功独特，扣人心弦，充分体现其山水画艺术精华。画面为突显"红"，用大量故宫内府朱砂，于谧静中展现喜悦，红色画面构图丰满，以浓厚墨色为底，形成冷暖对比，层次效果丰富，视觉魅力非凡；林间白墙、山间飞瀑和山下流泉互为衬托，成画面亮色，前景的溪涧则为壮观的画面增添了动感。

1985年10月，江苏徐州市修复李可染旧居。李可染捐赠其本人历年书画墨迹珍品40件供陈历展览。1986年5月，李可染笔耕生涯的最后一次展览"李可染中国画展"在北京中国美术馆举行，盛况空前，展品202件，全面反映李可染四十余年革新中国画的艰苦历程，集中展现其早、中、晚不同时期的艺术造诣、风格演变与开拓性贡献。

1987年7月，德意志民主共和国艺术科学院授予李可染通讯院士荣誉称号。1988年李可染作品《雨过瀑声急》，以义卖所得4万美元赠予国际修复长城、拯救威尼斯委员会。1989年5月12日，文化部举行"著名国画艺术大师李可染先生为中国艺术节基金会捐款仪式"，李可染捐款10万元。

1989年12月5日上午10时50分，李可染在和文化部官员的谈话中突发心脏病去世，享年82岁。李可染装殓时，前来吊谒的朋友及学生亲见家人从他身上脱下破衣烂衫，无不失声痛哭。第二天的八宝山遗体告别仪式，只印1000张讣告，结果到场一万多人，长长的队伍望不到头，人民群众是如此热爱艺术大师李可染。告别厅里摆满了北京群众及党和国家领导

第九章　品格高尚魅力
永存高尚人格
赐艺术以永恒

人送的花圈。李可染遗体告别仪式当晚，新闻联播之后连放三集专题片《伟大的人民艺术家——李可染》，长达一小时十五分钟，这种播出形式在新中国历史上只有党和国家最高领导人，中央电视台才会有如此礼遇，因此在全世界引起了轰动。

李可染作品在国内外享有极高声誉。以4尺3开为例，牧牛图每件60元、山水70元的价位一直保持到"文革"时期。1979年后，其画作价位大幅攀升，同样尺寸牧牛图7000～8000元，山水1～1.2万元。后来中国书画进入国际拍卖市场，其作品价位再度上扬，1983年，《茂叔赏荷》在香港苏富比拍至8.5万港元。1986年，《暮韵图》在香港佳士得拍至12万港元成交。

20世纪90年代，国家禁止李可染作品出境，至使其作品价格巨升。1990年，《烟江夕照》在香港拍至110万港元。1995年，《清漓风光》在北京翰海拍至242万元。1999年，《九牛图》在北京太平洋创下330万元佳绩。1999年嘉德拍卖会上，《万山红遍》（2.8平尺）一举夺魁，成交价407万元，创其作品拍卖最高价位，也创中国画单平尺最高价位，震动书画界及拍卖市场，更令海内外藏家刮目。2000年北京荣宝拍卖会上，另一幅《万山红遍》（3.1平尺），在买家激烈竞投下，最后以501.6万元成交，又爆奇闻。香港佳士得拍卖行2007年5月中国近现代画拍卖会上，李可染又一幅《万山红遍》经过热烈竞投后，以3千5百万港元高价售出，打破画家作品最高成交价的世界纪录。

2010年11月嘉德秋拍"长征——大师们的笔墨征途"专场，李可染水墨巨制《长征》1959年纪念新中国建立10周年，以毛主席诗词为题材创作初稿）以1.075亿元人民币成交，创当时中国近现代书画新纪录。这一中国美术史上里程碑式的作品，是李可染个人创作的重要代表作之一。李可染画作存世量在2000幅之内，在市场上流通的约800幅，弥足珍贵，因而其作品行情与齐白石、张大千、徐悲鸿等几位大师处于第一层高价位的行列不足为奇。

我的未来不是梦

不是所有人都能做出留名青史的丰功伟绩。在平凡的生命中创造出奇迹需要勇气,更需要高尚品格和非凡毅力。

知识链接

工笔画

是以精谨细腻的笔法描绘景物的中国画表现方式。工笔画须画在经过胶矾加工过的绢或宣纸上,一般先要画好稿本,反复地修改才能定稿,然后复上有胶矾的宣纸或绢,先用狼毫小笔勾勒,然后随类敷色,层层渲染,从而取得形神兼备的艺术效果。

宣传画

又名招贴画,以宣传鼓动、制造社会舆论和气氛为目的。是中国革命战争和社会主义建设时期美术创作的一个重要组成部分。一般带有醒目、号召性文字标题。其特点是形象醒目,主题突出,风格明快,富有感召力。宣传画一般都张贴或绘制在引人注目、行人集中的公共场所,直接面向群众,影响人心,及时发挥其社会作用。

侠肝义胆李苦禅

　　李苦禅作为中国美术史上一位杰出艺术家,是一位爱国志士。抗战时期,他曾在北平参加地下抗日组织,为中华民族的抗战事业做出了伟大贡献。

　　1937年7月7日,卢沟桥事变,驻守卢沟桥的国民党二十九军同仇敌忾、奋勇杀敌,狠狠地打击了日本侵略军,捍卫了民族尊严。7月20日,两千多日军疯狂进攻卢沟桥,二十九军官兵奋勇抵抗,用手榴弹炸得日军尸骨横飞,最后用大刀同敌人展开英勇肉搏战,日军前冲锋队近乎覆没。但由于蒋介石的不抵抗政策,二十九军被迫撤离卢沟桥,平津很快陷落。

　　从卢沟桥战火中匆匆撤下来的国民党二十九军年轻军官袁祥峰未赶上部队,幸而得到李苦禅救助躲藏其家中。北平沦陷后,日军挨家挨户搜寻从卢沟桥撤出的中国官兵,还贴出布告:窝藏旧军人者同罪。袁祥峰怕连累李苦禅,几次提出离开,都被李苦禅严厉拒绝。当时李苦禅已是中国共产党地下工作者,曾主动向组织请缨,要求到边区参加八路军。但组织上认为,李苦禅是北平著名画家,社会声望极高,可以为抗日救国做更多有意义的工作。于是李苦禅服从组织决定,留在北平负责搜集敌人武器仓库、敌军动态等情报。经过与袁祥峰朝夕相处,李苦禅认为袁祥峰确实是个爱国并有正义感的热血青年,便与组织联系,征得同意,将这位国民党年轻军官送去解放区。袁祥峰临行前,李苦禅竟倾尽其囊,以至于一家连买米下锅的钱都没有了。

　　袁祥峰后来成为八路军军官,受命潜回北京打入敌人内部。李苦禅千方百计为其搞到"良民证",托关系给徐州治安总司令部的朋友写信,使袁祥峰获得国民党徐州第二纵队总部少尉副官身份。李苦禅负责配合传递袁祥峰搜集到的军事情报。袁祥峰完成任务后,李苦禅给徐州发急电,称"母亲病故,速返京治丧"。令袁祥峰获假顺利撤出徐州回到北京,并在李苦禅的掩护和帮助下,返回太行山。正是李苦禅的有力配合,使袁祥峰"在徐州等于一把刺刀,刺在敌人心脏"。

　　当时李苦禅一家住北平柳树井,他的家成为地下联络站。为让路过的同志吃上饱饭,他一家常年节衣缩食。有时家里的粮食吃光了,他就去粥棚赊粥,赊不来粥,全家就挨饿。在柳树井交通站,他多次冒着生命危险,把一个个热血青年送往解放区。李苦禅的行为终于引起日本宪兵怀疑,并逮捕了他。在监狱里,穷凶极恶的日本宪兵对他用尽了各种酷刑。可是面对敌人的残暴,李苦禅永远是一句话:"我谁也不认识!"他在用刑中几次昏死过去,可醒来后仍不屈服!并正气凛然怒斥日本宪兵:"你们杀人的法子不是多吗?尽管用吧,我不怕!"从走进监狱,他就没打算活着出去!最后日本宪兵因没有证据,又审不出任何东西,慑于李苦禅在社会上的威望,只好把他放出来。

　　柳树井交通站从此废掉。为避开日本宪兵视线,抗日地下组织于是派李苦禅到天津作画、卖画,为抗战筹集资金。

　　1939年的天津隆冬,千疮百孔,寒风凛冽。日本鬼子在街上横冲直撞,使人感到雪上加霜。李苦禅身着单薄长袍,携长子到天津法租界滨江道永安饭店作画、卖画。天津的文化底蕴历来丰厚,人们对字画的鉴赏能力很强,品位也很高。得益于天津朋友的鼎力支持和帮助,"李苦禅画展"开幕。七天展期,前来参观者络绎不绝,永安饭店门庭若市,李苦禅的大写意花鸟画令人倾倒,画展未结束,展品已被抢购一空,画作很快就都因有主儿挂上红布条儿,写上收藏人姓名。很多来迟的富商巨贾们,面对贴有红布条的佳作望画兴叹。画展结束后,李苦禅立即把卖画款交给地下党组织。为了御寒,他们父子俩只是买了顶帽子和一条围脖儿,两手空空返回北平。转

年夏天,李苦禅再次携长子到天津"三不管儿"租房作画、卖画。夏天人们室外活动多,李苦禅便一边作画,一边与人聊天儿。"三不管儿"的百姓被这位豪爽健谈、技艺超群、学识渊博的画家所吸引。前来看他作画的人不少,听他聊天儿的人更多。李苦禅常当众画画,顺便进行抗日宣传。后来富商、洋行阔佬们闻讯纷纷赶来抢购字画,使李苦禅很快筹到一笔巨款。父子俩仍然分文未动,迅速把钱交给地下党组织。

在艰难的抗战岁月里,爱国艺术家李苦禅,就是这样侠肝义胆,默默无私地奉献着。对于自己为什么到天津作画、卖画,他守口如瓶半个多世纪,对家人及外人从不提及。直到他过世后,曾一起从事地下抗日工作的老同志才说出这个秘密。

李苦禅在津、京留下的革命足迹,向我们昭示了这位爱国艺术家的高尚情怀,他的名字和他的艺术成就将永垂青史!

逐梦箴言

莎士比亚曾说过这样一句话:"道德和才艺可以使一个凡人成为不朽的神明。"一个伟大的艺术家,无论他生前受过多少苦难,多么平凡,只要他具有高尚的人格,哪怕得到的只是身后的辉煌,那么他也是一个最伟大的人。

知识链接

花鸟画

凡以花草、鸟禽、鱼虫等为描绘对象的画,皆称之为花鸟画。花鸟画中的画法中有"工笔"、"写意"、"兼工带写"三种。

我的未来不是梦

◦ 智慧心语 ◦

不戚戚于贫贱,不汲汲于富贵。

——陶渊明

粉身碎骨浑不怕,要留清白在人间。

——于谦

品格是一种内在的力量,它的存在能直接发挥作用,而无需借助任何手段。

——爱默生

品格可能在重大的时刻中表现出来,但它却是在无关重要的时刻形成的。

——雪莱

没有伟大的品格,就没有伟大的人,甚至也没有伟大的艺术家、伟大的行动者。

——罗曼·罗兰

第十章

迈出脚步 相信未来

○导读○

　　艺术之路漫漫,如何攀上艺术高峰? 成功之路遥遥,如何走上成功的正路? 一要有良师益友指导规范;二要克服来自内外的阻力;三要相信未来,勇于迈出至关重要的第一步,并走好今后的每一步。

■ 寻找良师：成功的导航

　　现在的中国正处文化盛世，大家经济条件普遍好起来了，能看的书多了，通过网络也能获取想学的知识，各种人文环境、社会条件都较之前更为优越。年轻人应利用这一切，在年轻的时候多读一些经典，勤奋努力，把优秀文化传承发扬下去。

　　传承，需要好的榜样。人类任何技艺、智慧的传承，都同时是师道的传承。"师者，所以传道，授业，解惑也！"教师是高尚的职业，为师者当以齐白石为榜样，用爱心发现人才，引导人才，以培育出李可染、关山月一样的大师为骄傲，让我们未来的艺术天空多一些耀眼夺目的明星。这对当今的教师提出了神圣的要求：不能为金钱和利益所趋，丧失道德准则；要言传身教，否则怎么教学生做人的道理？又何以教育学生成才呢？

　　时下教育界固然有些不良的风气，如年节教师若是没收到礼，就把没送礼的学生放在上课爱说话的学困生中间，再不就是提问时从来不叫不送礼的学生。如上课不好好讲课，难点重点很少涉及，然后让学生到家里补课，而补课费动辄上千……然而这些终究不是主流，会随着时间推移让我们轻蔑一笑去淡忘。值得敬佩的老师，比比皆是。

　　在报上看到一位敬业老师的事迹：他教语文，每堂课他都会带好多的小卡片，上面记着这节课的难点、重点、知识点，方便学生梳理思路，有重点地学习。而他家里很穷，连电都用不起，这一张张浸透着爱心与汗水的卡片，就是夏天晚上在家附近的路灯下，冬天在家附近某处单位的门卫房里

一笔一笔写出来的。学生们都被这位老师感动了。他的课,学生们都认真地听讲,因为觉得如果不这样就对不起老师的一颗真心。

另有一位老师,将毕生的心血化作一部书稿,那是一本关于如何提高孩子写作水平的书。内容极其详尽,谈及如何让老师走近学生,如何和学生交朋友谈心,如何和孩子们在课堂上开展互动,营造生动的学习氛围,从而激发孩子们写作的热情和兴趣,如何让孩子学会观察生活,培养写日记积累素材的好习惯……里面有文字有图例,可谓面面俱到,用心备至。问及他为什么要写这样一本书时,他叹口气说现在的孩子写作太费劲了,布置一篇作文大都是拿来一些范文书抄袭改编,缺少自己的思想,他很担心。孩子们身边有那么多可写的事物却不知道如何去写。所以他很想告诉孩子们,其实写作是件很容易的事情,也是件很美好的事情。只要用心观察生活,用心感受,注意积累,发挥想象,那么,每个人身边都有取之不尽、用之不竭的创作素材,写作的源泉就在生活中,在学习中,不在那些空洞的范文书籍里。

遇上好的老师是人生的幸事,然而这也不完全靠机缘,好的老师,有时也是自己"发掘"的。好的老师不限于身边的人,可以是从未谋面的大师,从他们身上学习为艺术、为民族勇于奉献,敢于创新的精神;也可以是一本好书。所以,即使你周围没有齐白石、高剑父那样的良师引导自己,也不要枉自嗟叹,抱怨命运——有一颗向学的心,良师是无处不在的。同时,求学者也当牢记"师父领进门,修行在个人"的道理,从好老师身上汲取有益的营养。

■ 分析困难：成功的准备

　　成功的道路上会遇到很多磨难和问题。先说来自外界的阻力和困扰。现在的，国人接受艺术教育的机会还是比较少，对于艺术的鉴赏能力还有待提高。对于一些吸引感官的速成品，可能趋之若鹜，啧啧称叹；而对于大师厚积薄发、苦心酝酿出的精品，往往因缺少相应的底蕴和知识储备，一时难以理解、品鉴。对其价值的判断，也严重依赖专业人士，甚至是外国画评界的观点。这是一个让人痛心的现象，为此，需要像林风眠这样的艺术大师，孜孜以求地从事艺术运动，提高全民的艺术修养；需要政府加大对艺术教育的投入，让群众接触艺术变得更加容易。

　　对于不尽如人意的外在环境，我们一方面不能对其失去信心。历史学家钱穆说过：风气的转变，在渐而不在骤。相信随着各方的不懈努力，国人会越来越认识到经典的价值。历史是公正的镜子和尺子，真正伟大杰出的艺术家，一定会经受住历史的检验，脱颖而出。而真正的绘画作品是人类精神的体现和智慧的凝结，有如优美动听的音乐旋律，给人以美的享受和陶冶，会永恒不朽。

　　另一方面，我们要学着适应环境，当代的独生子女在这方面尤其要努力。现在的大学出现了一股"换寝室"的风气，从一个侧面说明了这个问题的严峻性。一个寝室就是一个小社会，在这样一个小圈子里都和别人搞不好关系，以后在更大的社会里如何同别人相处？换寝室固然容易，可再遇到相似的问题怎么办？还要换吗？逃避永远不是解决问题的方法。每个

我的未来不是梦

人身上都有着这样那样的问题和缺点，所以，没有矛盾是不可能的。遇事要多想想自己的不足，不要把问题都推到别人身上。要学会宽容，学会理解。如果你改变不了环境，就要学习适应环境。适者生存！事物就是在矛盾中求得发展的！多想想我们的前辈，是如何在艰苦的环境下，没有时间自己挤时间也要学习，没有条件创造条件也要学习的。

除此之外，更多要增强我们自身的耐力和承受力。正像大画家吴冠中说的那样，想成为画家很容易，可是想成为艺术家却很难。没有那么多人能成为艺术家。要成为艺术家面临的困难太多，最大的困难便是心灵中的寂寞和痛苦。艺术是寂寞之道。搞艺术的人应该耐得住寂寞，守得住清贫。即使全世界把自己遗忘，但只要追求艺术的心还在，灵魂就在！就像书中提到的画家林风眠，他独居十年，身边的朋友、当时的艺术界都已将他淡忘，可他全然不觉，一如既往沉浸在对艺术的追求和创造的快乐中，终于画有所成。

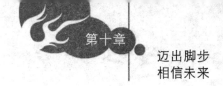

■ 向成功出发！

　　艺无止境，永远没有最好的和最高的可言。所以人们无休止地探索和学习，为了让自己的境界达到更高和更好。在这样探索和追求的过程中，有的人可能走的路途便捷，而有的人却走得很漫长。有的人可以求师仿古，有的人却全凭自身造化——成功的道路永远不止一条，成功的经验也不是万能的，但有一点是肯定的，要成功，就不能一直准备，一定要坚定地迈出第一步，不管道路是崎岖还是坦荡，不管前路是千条还是万条！

　　有一则故事，说一行人去敦煌旅游，一天晚上游月牙泉和鸣沙山。甲对乙说，能上去吗？那么高啊！这可是沙山啊？乙则一个劲鼓励甲："不高的，你不要往上看，只瞅脚底下，一步步挪就是了。"甲无奈："可这挪一步退半步的，什么时候才能到。"乙笑笑："毕竟挪了半步，所以总会到的。只管挪就是了。"当他们终于爬上鸣沙山，看到夕阳下蜿蜒的沙线、炫丽的美景时，都喘着气笑了。

　　有许多人的目标没有实现，或许在于对目标与现实两者间距离的恐惧，这种恐惧会让我们难以迈出第一步，更会让我们在中途失去信心。而当我们放弃杂念专注地行走时，距离会被忽略，就像我们在享受幸福时会忽略时间一样，在到达目的地时蓦然回首，却仿佛只走了一步。其实梦想终会实现的深刻道理在于：当我们毅然决然地坚持向梦想进发时，梦想常会以更快的速度向我们走来。

　　人们常常羡慕别人的成功，却忽视别人为成功付出的努力，看淡别人

走向成功的过程。其实只要我们有目标,肯努力,一步步付出行动,成功就离我们近了一步!

要知道,所有的成功之路都是一步一步走出来的!

以两句老话做小结:温室里的花朵永远经不起风吹雨打。只有暴风雨中的海燕才能逆风翱翔! 年轻人,给自己的人生确立切实的理想吧,然后给理想插上翅膀,去勇敢地飞翔吧! 附诗一首:

> 记得坚持努力,
> 不必埋怨叹息。
> 未来会很美丽,
> 努力才有意义。
>
> 记得坚持下去,
> 不要轻言放弃。
> 人生就是机遇,
> 所以定要继续。
>
> 记得坚持到底,
> 不用任何理由。
> 梦想不会太久,
> 所以定要拥有。
>
> 记得坚持忍耐,
> 不要放松懈怠。
> 生命没有彩排,
> 拼搏才见精彩。

智慧心语

骐骥一跃,不能十步;驽马十驾,功在不舍。

——荀子

霸祖孤身取二江,子孙多以百城降。豪华尽出成功后,逸乐安知与祸双?

——王安石

用美丽的雪花写下:相信未来。

——食指

金字塔是用一块块的石头堆砌而成的。

——莎士比亚

人的一生中,最光辉的一天并非是功成名就那天,而是从悲叹与绝望中产生对人生的挑战,以勇敢迈向意志那天。

——福楼拜

我的未来不是梦